CUBA

A
L'EXPOSITION
UNIVERSELLE
INTERNAT·IONALE
DE 1900
A PARIS

1492

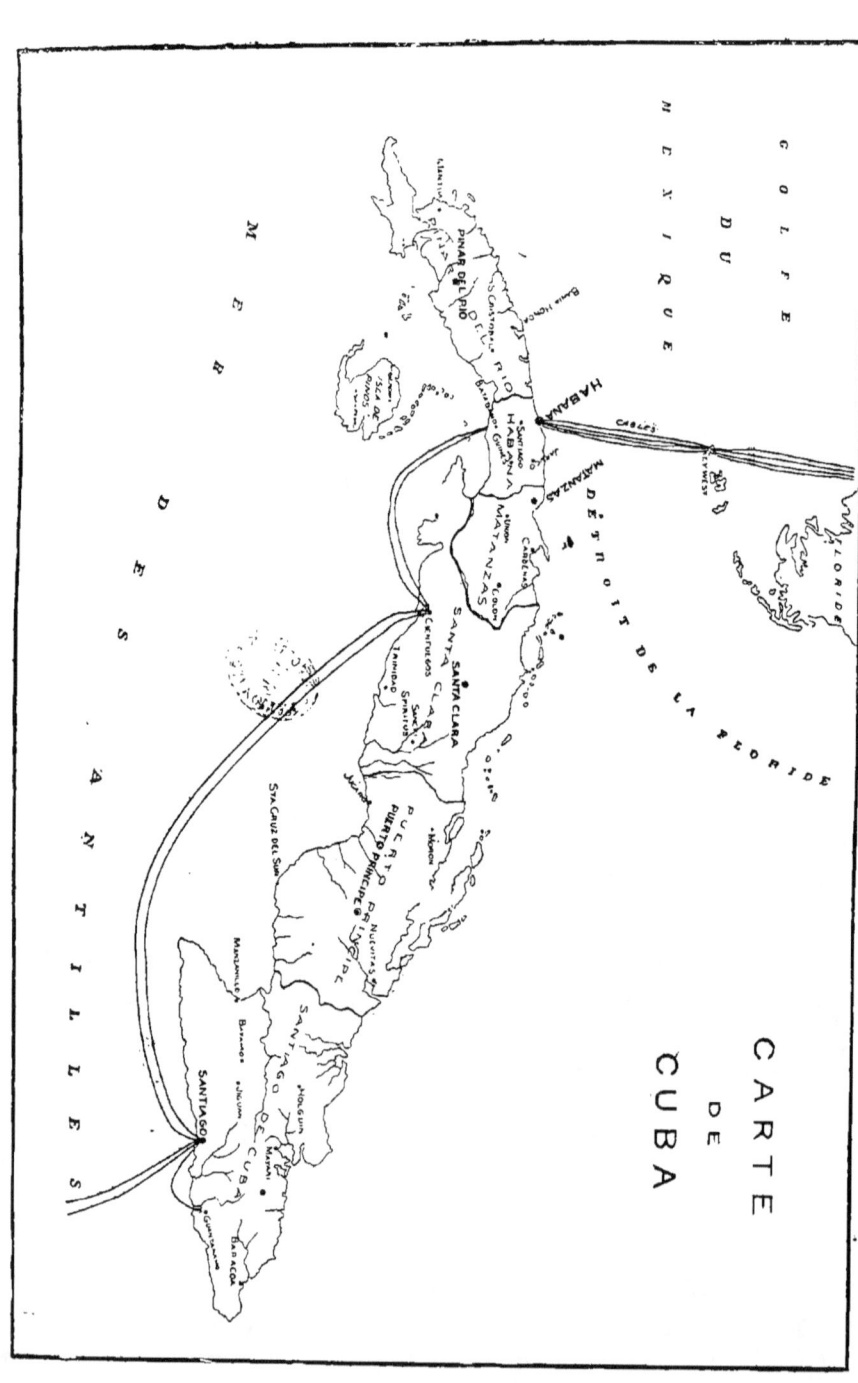

CARTE DE CUBA

EXPOSITION

UNIVERSELLE

INTERNATIONALE DE 1900

A PARIS

CATALOGUE SPÉCIAL

OFFICIEL

DE CUBA

(Palais du Trocadéro)

PRIEUR ET DUBOIS

IMPRIMEURS-ÉDITEURS

26, Rue de la République, PUTEAUX

PARIS

I

INTRODUCTION

Le 7 décembre 1899, le Président des Etats-Unis d'Amérique, l'Honorable William Mac Kinley, en sa qualité de général en chef de l'armée américaine d'occupation à Cuba, et par l'intermédiaire du Département de la Guerre, décida que ce peuple, libre et indépendant, concourrait à l'Exposition universelle internationale de Paris qui devait être inaugurée quatre mois plus tard, c'est-à-dire le 14 avril 1900.

Pour rassembler et installer les objets, et pour la représentation de Cuba, un crédit de $ 25.000 (125.000 francs) fut accordé et le soussigné fut nommé Commissaire de la dite représentation et M. Ricardo Diaz. Albertini, Secrétaire de la Commission. Il nous restait très peu de temps pour faire un voyage par toute l'île, — néanmoins, nous l'avons fait — pour stimuler le patriotisme de tous les habitants du pays qui, dévasté par une guerre de quatre ans, commence seulement maintenant à reconquérir son ancienne splendeur. Le 23 janvier 1900, le Bureau central à la Havane commença ses travaux. Il restait donc moins de trois mois pour l'inauguration de l'Exposition. La tâche n'a pas été très facile; mais à vaincre les difficultés ont collaboré avec zèle les délégués : M. le Dr Felipe Veranes, dans la province de Santiago de Cuba; M. l'Ingénieur Manuel P. Cadenas, dans celle de Puerto-Príncipe; M. Julio Jover, dans celle de Santa Clara; M. Carlos M. Trelles, dans celle de Matanzas; M. le Dr Carlos de la Torre, dans la province de la Havane; M. Pedro Márquez, dans celle de Pinar del Rio; des agents spéciaux nommés pour les aider dans leurs démarches, et M. le Commandant Benjamin Giberga qui prit charge du Bureau central à la Havane.

Les résultats obtenus ont été très satisfaisants, et on a pu voir non sans surprise que, dans un délai aussi court, Cuba ait réussi à occuper, le jour de l'inauguration, la place généreusement cédée par les Etats-Unis, au Palais du Trocadéro, sur l'espace qui leur y avait été réservé.

C'est ainsi que Cuba est venue placer ses magnifiques produits sous le drapeau de la Patrie, arboré dignement aux hampes du Pavillon que nous devons à l'artiste cubain M. Armando Menocal. Distribués entre ces blanches colonnes, ils montrent l'effort, l'énergie et l'activité des enfants de la riche Cuba, protégée aujourd'hui par le drapeau glorieux de la libre et grande République des Etats-Unis d'Amérique, en union duquel nous avons réussi à conquérir la vie nationale et la liberté.

Plusieurs centaines d'exposants ont répondu à l'appel. Ils n'ont pas obéi à la puérile vanité de mesurer leurs forces avec celles des anciennes nations, mais au désir noble et ardent de mettre en évidence devant le monde, non seulement les grandes richesses agricoles et minières de leur pays, mais aussi ses aptitudes pour la vie de l'art et de l'industrie, consacrant pour la première fois dans cette France hospitalière, son amour du progrès humain.

Tel a été notre labeur. Les fruits se verront par les récompenses obtenues, par la connaissance plus exacte, plus approfondie que le monde aura de notre pays, et surtout par la croissante sympathie et la ferme amitié qui rendront plus étroits et plus solides les liens entre la France et Cuba.

Cela est notre récompense. Elle est augmentée par la satisfaction du devoir accompli et le souvenir agréable de l'appui désintéressé et constant du Commissaire général des

ENTRÉE DU PAVILLON DE CUBA A L'EXPOSITION UNIVERSELLE DE 1900

Etats-Unis, M. Ferdinand Peck et de ses estimables col-
lègues, lesquels ont joint leurs efforts à ceux de la Commission de Cuba afin que notre Patrie pût être dignement repré-
sentée à l'Exposition universelle internationale de 1900.

Paris, le 4 juillet 1900.

GONZALO DE QUESADA,

Commissaire de Cuba.

RENSEIGNEMENTS HISTORIQUES

Le 28 octobre 1492, Colomb découvrit l'île de Cuba, dont la beauté l'impressionna de telle façon qu'il déclara que c'était « la terre la plus belle que des yeux humains eussent jamais vue »

Le grand amiral fit presque le tour de l'île, mais n'y fonda aucun établissement et la considéra toujours, non comme une île, mais comme une partie d'un continent.

En l'honneur du jeune prince Juan, héritier des rois catholiques, il l'appela *Juana ;* dans la suite, elle reçut le nom de *Fernandina*, puis ceux de *Santiago* et d'*Ave María ;* néanmoins, le nom indien de *Cuba* lui est resté.

Les indigènes étaient d'une nature douce et ils reçurent les découvreurs avec des démonstrations d'amitié. Colomb visita deux fois l'île après sa découverte : en 1494 et en 1502.

En 1511, cinq ans après la mort de Colomb, vinrent Don Diego Velazquez et son second Don Pánfilo de Narvaez, qui fondèrent la première ville de Cuba : *Baracoa ;* puis *Santiago* et *Trinidad*, en 1514. *San Cristobal de la Habana* fut fondée en 1515, et nommée ensuite *Batabanó*. En 1519, fut fondée *La Havane* actuelle.

Les premières années, l'île fut à la merci des pirates. L'élevage des troupeaux fut la première occupation des habitants jusqu'en 1524, année où commença la culture du tabac et du sucre, et avec eux l'introduction des esclaves noirs.

Les indigènes *(Siboneyes)* disparurent peu à peu par suite aussi de l'esclavage qui fut cause que quatre-vingts années après la découverte il n'en existait plus.

De Cuba partirent des expéditions pour le Continent : comme celles de Cortez, de Soto et de Ponce de León. Pendant tout le XVIe siècle les ennemis de la métropole menacèrent constamment la colonie, ce qui nécessita l'exécution de travaux de défense à la Havane et dans les diverses autres villes. Pendant le XVIIe siècle, la Havane fut le centre des galères espagnoles et du commerce de l'Espagne en Amérique.

Le décret arbitraire restreignant le commerce de l'île avec le port de Séville donna lieu à la contrebande sur une grande échelle et fut cause que les pirates infestèrent les mers, continuant leurs déprédations dans l'île même.

En 1670, Don Rodrigo de Ledesma augmenta les fortifications de la Havane, organisa une flotte pour protéger les côtes, et repoussa les attaques dirigées contre l'île. En 1693, furent faits les plans de la ville de Matanzas. En 1717, le monopole du tabac donna lieu à de violentes résistances de la part du peuple, et des rixes éclatèrent entre les civils et les militaires. Les Anglais en profitèrent pour faire la contrebande, ce qui amena en grande partie la guerre entre l'Angleterre et l'Espagne en 1739, guerre qui, quatre ans plus tard, se généralisa en un conflit européen qui se termina en 1748.

Don Juan de Prado de Porto Carrero étant gouverneur de la Havane, la ville fut attaquée par une escadre anglaise de 44 navires de guerre et de 150 autres embarcations sous les ordres de l'amiral Pocock, et par un corps d'armée de 15.000 hommes sous les ordres de Lord Albemarle : le but de cette expédition était, après la prise des possessions françaises aux Antilles, de tomber sur la Havane, de s'en empa-

rer comme clef des vastes possessions espagnoles sur le
Continent et d'interrompre toute communication entre la
péninsule espagnole et le golfe du Mexique. Le siège dura
du 3 juin au 30 juillet 1763, les Cubains aidant à lutter
contre l'invasion étrangère. Le traité de paix de Paris de
février 1763, rendit la souveraineté absolue sur Cuba à l'Espagne, qui donna en échange la Floride à l'Angleterre.

Pendant l'occupation anglaise, la Havane fut port libre
et dans de telles conditions qu'il ne fut pas possible, par
la suite, à la métropole d'y renouveler les anciennes res-
trictions. Pendant le XVIIIᵉ siècle, l'île réalisa quelques
progrès.

La Révolution américaine, la Révolution française et les
mouvements séparatistes des colonies espagnoles du Continent américain eurent leur contre-coup dans l'île, et, en 1826,
une société se forma : *Los Soles de Bolívar* (Les Soleils de
Bolivar), ayant pour objectif de fonder à Cuba une république indépendante. Déjà à cette époque, le libérateur
Bolivar préparait un contingent en Colombie et excitait le
Mexique à l'aider à délivrer Cuba qui, selon les plans de la
Sainte Alliance, devait se convertir en arsenal et servir de
base d'opérations contre les Républiques naissantes. Ce fut
alors que le premier sang cubain fut versé pour l'indépendance : Agüero et Sanchez furent exécutés dans le Camagüey,
le 16 mai 1826.

La même année se réunit le Congrès de Panama qui avait,
entre autres objectifs, la solution du problème de Cuba.
Les Etats-Unis furent invités à y concourir, mais l'influence
des Etats esclavagistes se fit sentir jusqu'au point d'em-
pêcher tout résultat pratique du Congrès.

Par décret du 28 mai de la même année, le capitaine général de Cuba reçut des pouvoirs absolus. Les efforts de *El
Aguila Negra* (L'Aigle Noir), une autre société secrète organisée par des exilés cubains en Colombie et au Mexique,
échouèrent également. Pour combattre ces projets, l'Espagne
envahit le Mexique en 1828, mais son expédition fut mise
en déroute et dut battre en retraite, après avoir capitulé
en mars 1829.

Avec le couronnement de la reine Isabelle II, en 1833,
les libéraux espagnols obtinrent de Christine, la reine ré-

gente, un gouvernement constitutionnel mettant fin à l'abso-
lutisme en Espagne ; mais il n'en fut pas de même pour
Cuba, car malgré la proclamation de la Constitution espagnole et la nomination de députés aux Cortès, les pouvoirs
du capitaine général furent maintenus et ratifiés.

En 1850, après l'annexion du Texas par les Etats-Unis et
la non réussite du projet de vente de Cuba, dû au refus de
l'Espagne et au sentiment anti-esclavagiste américain, le
général Narciso López, exilé à la suite d'une conspiration
qui avorta en 1848, débarqua au mois de mai à Cárdenas
avec 500 hommes, s'empara de la ville et arbora pour la
première fois à Cuba le drapeau à l'Etoile Solitaire.

S'insurgèrent également en 1851, Armenteros á Trinidad,
et Agüero á Puerto Príncipe, le 4 juillet, pour célébrer
l'anniversaire de l'Indépendance Américaine déclarant la
liberté de ses esclaves. Ils échouèrent tous.

López réussit à débarquer une autre expédition à Bahía
Honda, à trente milles environ à l'ouest de la Havane, le
12 août 1851, accompagné du colonel Crittenden, du Ken-
tucky, et de 150 Américains et de plusieurs Cubains ; mais
sa tentative ne réussit pas malgré le brillant combat dans
lequel fut mortellement blessé le général en chef espagnol
Ena. Tous payèrent de leur vie leur téméraire et généreuse
entreprise. Le gibet se dressa ensuite pour Estrampes et
pour Pintó, noble espagnol partisan des droits des Cubains.

Quelques Cubains demandèrent au général Quitman et
aux partisans de l'esclavage aux Etats-Unis, aide et secours
pour se séparer de l'Espagne, mais quoique les relations
entre les deux pays fussent un peu tendues, il n'en résulta
que le manifeste d'Ostende.

La situation intérieure aux Etats-Unis vint alors à s'em-
brouiller, ce qui eut pour conséquence la guerre de séces-
sion, et l'île resta quelque temps dans une tranquillité
apparente.

Le parti libéral espagnol, alors au pouvoir dans la métropole, soutint le parti réformiste de l'île, et ce parti envoya à
Madrid une commission pour offrir un plan de gouvernement propre donnant droits et libertés aux Cubains et qui
amènerait la richesse et le progrès à l'île. Tous ces efforts
échouèrent et la révolution en Espagne, en septembre 1868,

qui causa l'expulsion d'Isabelle II, ne diminua pas les charges de Cuba et ne modifia pas son régime.

Le 10 octobre 1868, Carlos Manuel de Céspedes prit les armes à Yara, et aidé d'autres patriotes à Santa Clara, Puerto Príncipe et Santiago de Cuba, il proclama à Guáimaro, le 10 avril 1869, la Constitution de la République Cubaine. Sans matériel ni organisation, ils transportèrent héroïquement du matériel de guerre des Etats-Unis ; d'abord sous le commandement en chef du général Manuel de Quesada, puis sous celui des généraux Thomas Jordan, Ignacio Agramonte, Máximo Gómez et Calixto García, ils parvinrent à organiser une armée de patriotes.

La prise du vapeur *Virginius*, sous pavillon américain et l'exécution de son capitaine, des chefs cubains et des matelots (50 environ) en l'an 1873, fut sur le point de faire éclater la guerre entre les Etats-Unis et l'Espagne. Pendant dix ans, les Cubains luttèrent sans recevoir aucun secours ; leur non reconnaissance de belligérants ne leur permettant pas d'avoir de navires de guerre, ils ne purent arriver à chasser la métropole de l'île. D'un autre côté, l'Espagne se voyait incapable de terminer la rébellion des Cubains ; aucun des deux combattants ne pouvait donc venir à bout de l'autre.

En 1878, le général en chef espagnol Martinez Campos, homme respecté de tout le pays et ayant la confiance des Cubains, fit avec eux le traité du Zanjón, le 10 février. Par ce traité l'Espagne promettait à Cuba certaines réformes qui faussées ou éludées, furent une duperie de plus pour le pays ; l'unique résultat de cette lutte admirable fut l'abolition absolue de l'esclavage, qui avait été proclamée par les patriotes en prenant les armes, en 1868, et ratifiée à l'Assemblée de Guáimaro, le 10 avril 1869, mais qui ne fut complétée qu'en 1887.

Le 24 février 1895, les Cubains recommencèrent la lutte pour l'indépendance ; cette guerre eut la fortune d'avoir comme organisateur un homme éprouvé déjà au service de son pays, qui par la vigueur de son intelligence, l'énergie et la ténacité de son caractère et l'enthousiasme d'un apôtre, personnifiait l'histoire et la virilité de son peuple. Cet homme extraordinaire qui résumait toutes les grandeurs de sa patrie, orateur et poète, professeur et journaliste, soldat et staticien, héros et martyr, ce génie incomparable s'appelait José MARTÍ.

Du moment même où fut signé le traité du Zanjón, convaincu que Cuba n'avait rien à espérer de l'Espagne, il reprit le travail de la guerre et contribua avec le général Calixto García au mouvement de 1879, qui prit le nom de *La Petite Guerre* et ne réussit pas parce que le pays fatigué de la guerre remettait ses espérances dans la paix. En 1884, les généraux Máximo Gómez et Antonio Maceo préparèrent aux Etats-Unis une invasion de l'île, qui ne réussit pas non plus. De temps en temps, étincelait l'esprit révolutionnaire et libertaire, et Limbano Sánchez, Benítez, Bonachea et Agüero périrent en combattant pour l'indépendance de la Perle des Antilles.

Pendant que José Martí préparait son peuple pour le combat final, les autonomistes, pendant dix-sept années, avec des hommes comme Rafael Montoro, Miguel Figueroa, Rafael Fernández de Castro, Eliseo Giberga et Bernardo Portuondo, luttaient en vain dans le Congrès espagnol pour obtenir de la métropole ce qu'on ne pouvait réussir à obtenir que par les armes. L'échec de leurs efforts, démontré par le résultat du mouvement économique formé par les réformistes et les autonomistes, prouva une fois de plus l'incompatibilité des intérêts de Cuba et de la métropole. Ce fut alors que l'admirable travail d'organisation et de prévoyance de Martí fut justifié. Sa fervente éloquence, son honorabilité et son patriotisme proclamèrent dans toute l'Amérique la vibrante protestation du peuple cubain. Le 10 avril 1892, se constitua le Parti Révolutionnaire Cubain, qui devait accomplir l'œuvre de l'Indépendance, avec José Martí comme délégué, Benjamin Guerra comme trésorier et Gonzalo de Quesada comme secrétaire. Le général Máximo Gómez, retiré à Saint-Domingue, accepta le commandement en chef des armées libératrices, et le 24 février 1895, le drapeau de la liberté et de l'émancipation flotta de nouveau à Cuba. L'histoire de ces quatre années de lutte est si récente, si connue du monde entier par l'héroïsme montré par les Cubains et par la ténacité de l'Espagne à conserver ce précieux joyau de sa couronne, qu'il n'est

pas nécessaire de l'écrire ici. L'un après l'autre les généraux Maceo, Crombet, Gómez, Martí, Borrero, Collazo,
Rodríguez, Roloff, Carrillo, Sánchez, García et autres accoururent sur les rives natales apportant des fusils et des car-
touches pour armer les milliers d'hommes qui se trouvaient
déjà sous les ordres de Masó, Pérez, Moncada, etc.

Le 19 mai, à la bataille de Dos Ríos, tomba le général
Martí ; mais ni cette mort, pleurée de Cuba et de toute
l'Amérique, ni la perte de vaillants généraux, ni les revers
de la guerre, ni l'apathie du monde entier, allié à l'énorme
armée de 250.000 hommes envoyée par l'Espagne, la plus
nombreuse qui eut jamais traversé les mers, et sous les
commandements successifs des généraux Calleja, Martinez
Campos, Weyler et Blanco, ni la présence en même temps
à Cuba de 48 généraux espagnols, ne purent mettre fin à
cette guerre terrible et sans précédent, et dans laquelle
Cuba combattait non contre les Espagnols qui y étaient
établis et qu'on désirait voir devenir citoyens de la nouvelle
République, mais contre la métropole qui l'humiliait, l'ex-
ploitait et l'opprimait ; guerre qui fit voir la modération
du caractère cubain et sa ferme volonté de fonder une
République véritablement démocratique avec tous et pour
tous.

La Constitution que se donna la Révolution, ayant comme
premier Président de la République de Cuba, le vénérable
patriote Salvador Cisneros Betancourt, marquis de Santa
Lucía, qui renonça à son titre de noblesse, et ensuite le
noble patricien Bartolomé Masó, riche planteur de Manzanillo, démontre éloquemment la capacité des Cubains pour
se gouverner et pour réaliser leur idéal. Les faits d'armes
de l'armée libératrice de Cuba, qui eut pour chef glorieux
le général Máximo Gómez et pour lieutenants généraux des
guerriers illustres comme Antonio Maceo et Calixto García,
ainsi que les éclatants faits d'armes d'autres Hispano-Améri-
cains, rempliront plus d'une page brillante dans l'histoire
du génie militaire de la race espagnole.

En décembre 1895, les généraux Gómez et Maceo avec
seulement 12.000 hommes, accomplirent la merveilleuse
invasion des provinces occidentales, arrivèrent même jusqu'aux portes de la Havane après avoir mis en déroute à

Coliseo le général Martinez Campos et portèrent la guerre jusqu'à la pointe occidentale de l'île.

Le 7 décembre 1896, après avoir traversé la fameuse « trocha » d'Occident, que le général Weyler déclarait infranchissable, le grand Maceo, le brave entre les braves, tomba à Punta Brava, près de la Havane. Les Cubains ne se démoralisèrent pas pour cela ; au contraire, la guerre continua avec plus d'ardeur !

Pendant que les insurgés combattaient dans l'île, l'infatigable délégué de la Révolution, Tomás Estrada Palma, travaillait aux Etats-Unis avec un dévouement et une ténacité remarquables pour la reconnaissance de la belligérance des patriotes cubains, disposés à n'accepter aucune transaction, n'ayant d'autre guide et d'autre idéal que celui qu'avec tant de sacrifices ils avaient écrit sur leur drapeau : *L'Indépendance ou la Mort*. Dans ces travaux aux États-Unis, les Cubains eurent un appui décidé dans le distingué jurisconsulte américain, Horatio S. Rubens.

En même temps, les généraux Joaquin Castillo et Emilio Núñez débarquaient constamment à Cuba des expéditions d'armes et des munitions, ce qui permettait à l'armée de liberté de continuer sa lutte avec succès.

D'après les notes de l'Inspection générale de l'Armée cubaine, 70.000 hommes accoururent prendre les armes en faveur de l'Indépendance pendant toute la durée de la guerre, et à la fin de celle-ci l'Armée Libératrice comprenait 48.000 hommes.

Le Congrès des Etats-Unis répondant à la sympathie et à la noblesse du peuple américain, traduisit le sentiment de justice à l'égard du peuple Cubain qui palpitait dans la grande république de l'Amérique du Nord mais n'arriva pas jusqu'à faire une loi donnant une personnalité à ces patriotes qui luttaient pour les mêmes principes qu'ils avaient affichés dans leur sublime Déclaration d'Indépendance.

L'explosion du croiseur américain *Maine*, le 15 février 1898, dans le port de la Havane, compliqua les relations déjà tendues entre les Etats-Unis et l'Espagne en conséquence de la publication d'une lettre du ministre espagnol à Washington, M. Dupuy de Lôme, et précipita la libération de Cuba.

Le 11 avril, le Président des Etats-Unis envoya au Congrès un message où il disait :

« Il est grandement prouvé que l'Espagne ne peut arriver au but pour lequel depuis longtemps elle fait la guerre. La flamme de l'insurrection peut, suivant le moment, luire ou s'éteindre, mais il est évident qu'elle ne pourra être éteinte par les moyens qu'emploie l'Espagne. L'unique espoir de Cuba de se voir délivrée d'un état de choses qui ne peut plus durer longtemps est d'être pacifiée par la force.

« Au nom de l'humanité et de la civilisation ; au nom des intérêts américains aujourd'hui menacés par cet état de choses, ce qui nous donne le droit et nous impose le devoir de parler et d'agir, il faut que la guerre de Cuba finisse.

« En considération de ceci, je demande au Congrès de me donner, comme Président, l'autorisation et le pouvoir de prendre les mesures nécessaires pour terminer définitivement et rapidement les hostilités entre le gouvernement espagnol et le peuple cubain, assurer à l'île l'établissement d'un gouvernement stable, capable de maintenir l'ordre et ses relations internationales, de faire régner la paix et d'assurer la tranquilité et la sécurité de ses nationaux aussi bien que des nôtres, et l'autorisation de disposer des forces de terre et de mer des Etats-Unis autant qu'il sera nécessaire pour arriver à ces fins. »

Le 19 avril le Congrès des Etats-Unis proclama au monde que :

« L'horrible situation qui se maintient depuis plus de 3 ans si près de nos rivages, dans l'île de Cuba, a blessé les sentiments du peuple américain, offense la civilisation chrétienne et s'est aggravée par la destruction d'un des cuirassés des Etats-Unis avec la perte de 266 officiers et marins en visite amicale dans le port de la Havane ; cette situation ne peut se prolonger comme l'a déclaré le Président des Etats-Unis dans son message au Congrès du 11 avril 1898, par lequel il demande le concours du dit Congrès.

ENTRÉE DU PORT DE LA HAVANE

« Par suite, le Sénat et la Chambre des Représentants réunis en Congrès décident :

« ARTICLE PREMIER. — Le peuple cubain est et de droit doit être libre et indépendant.

« ART. 2. — Il est du devoir des Etats-Unis d'exiger, et ils exigent que le gouvernement espagnol abandonne immédiatement son autorité et puissance sur l'île de Cuba, et retire ses forces de terre et de mer de Cuba et des eaux cubaines.

« ART. 3. — Par le présent, nous ordonnons au Président des Etats-Unis et l'autorisons à employer toutes les forces de terre et de mer de la Nation, à appeler sous les armes la milice des divers Etats dans la proportion qu'il jugera nécessaire pour mettre ces décisions à exécution.

« ART. 4. — Les Etats-Unis renoncent par le présent à toute disposition ou intention d'exercer aucune souveraineté, domination ou administration sur la dite île, sauf pour la pacifier. Ils prennent l'engagement, après cette pacification, de laisser le gouvernement et la direction de l'île à son peuple. »

Le gouvernement espagnol remit son passeport au ministre américain à Madrid et les Etats-Unis déclarèrent la guerre à l'Espagne, le 23 avril 1898. De ce moment, luttèrent de concert les drapeaux tricolores des Etats-Unis et de Cuba : le premier, celui d'un peuple puissant qui prêtait son aide au second, un peuple faible, comme la puissante France avait jadis aidé les 13 faibles colonies révoltées de l'Angleterre.

La destruction des escadres espagnoles à Manille et à Santiago de Cuba, et la capitulation de cette dernière place, amenèrent la médiation opportune et désintéressée de la France et conséquemment fut signé le protocole de Washington, le 12 août 1898, dont l'article premier déclare :

« L'Espagne renoncera à toute prétention à sa souveraineté et à tout droit sur Cuba. »

Plus tard fut signé le Traité de Paix de Paris le 10 décembre 1898, qui, relativement à Cuba établit :

« Puisque cette île, à son évacuation par l'Espagne, sera occupée par les Etats-Unis, ceux-ci pendant la durée de leur occupation, prendront à leur charge les obligations que par ce fait leur impose le droit international pour la protection des vies et des propriétés.

« ART. 6. — Après la signature du présent traité, l'Espagne mettra en liberté tous les prisonniers de guerre et tous les détenus ou prisonniers pour faits politiques ayant trait à l'insurrection de Cuba, des Philippines et à la guerre hispano-américaine.

« Réciproquement, les Etats-Unis mettront en liberté tous les prisonniers de guerre faits par les forces américaines et assureront la liberté de tous les prisonniers au pouvoir des insurgés cubains ou philippins.

« Le gouvernement des Etats-Unis transportera à son compte en Espagne, et le gouvernement espagnol transportera au sien, des Etats-Unis à Cuba, Puerto Rico, ou aux Philippines, suivant l'emplacement de leurs foyers, les prisonniers mis ou à remettre en liberté, respectivement en vertu de cet article.

« ART. 9. — Les citoyens espagnols nés dans la Péninsule résidant sur le territoire dont l'Espagne abandonne ou cède la souveraineté par le présent traité, pourront demeurer sur le dit territoire ou l'abandonner, conservant dans l'un et dans l'autre cas, leurs droits de propriété, y compris le droit de vendre ou de disposer de la propriété et de leurs produits ; ils auront de plus le droit d'exercer leur industrie, commerce ou profession en se soumettant aux lois qui seront applicables aux autres étrangers. S'ils restent sur le territoire, ils pourront conserver leur nationalité espagnole en faisant dans un bureau d'enregistrement dans l'année suivant la ratification de ce traité, la déclaration de leur intention de conserver cette nationalité, sans quoi, ils seront considérés comme y renonçant et adoptant celle du territoire sur lequel ils résideront.

« Les droits civils et la condition politique des habitants naturels des territoires ici concédés aux Etats-Unis seront déterminés par le Congrès.

« ART. 10. — Les habitants des territoires dont l'Espagne abandonne ou cède la souveraineté seront assurés du libre exercice de leur religion.

« ART. 11. — Les Espagnols résidant sur les territoires

dont l'Espagne abandonne ou cède la souveraineté seront soumis au civil comme au criminel aux tribunaux du pays où ils résideront, suivant les lois communes qui définiront leur compétence ; ils pourront comparaître devant eux suivant la même forme et les mêmes moyens que doivent observer les citoyens du pays auquel appartiendra le tribunal.

« ART. 12. — Les affaires pendantes au moment de l'échange des pièces de ce traité, dans les territoires sur lesquels l'Espagne cède ou abandonne sa souveraineté, seront jugées suivant ces règles :

« 1° Les sentences rendues au civil entre particuliers ou en matière criminelle avant la date mentionnée et contre lesquelles il n'y aura ni appel ni cassation suivant le droit espagnol, seront considérées comme définitives et seront exécutées suivant la forme et l'autorité compétente dans les territoires où ces sentences devront s'accomplir.

« 2° Les procès au civil entre particuliers qui, à cette date, ne seront pas jugés, se continueront devant le tribunal devant lequel se jugeait le procès, ou devant celui qui le remplacera.

« 3° Les actions au criminel pendantes à cette date devant le tribunal suprême d'Espagne contre les citoyens du territoire qui, suivant ce traité, cesse d'être espagnol, se continueront sous cette juridiction jusqu'à ce que soit rendue la sentence définitive, mais ensuite son exécution sera remise entre les mains de l'autorité compétente de l'endroit où l'action a été intentée.

« ART. 13. — Seront respectés ultérieurement les droits de propriété littéraire, artistique et industrielle acquis par des Espagnols dans les îles de Cuba et des Philippines ou Puerto Rico ou autres territoires concédés après l'échange des pièces de ce traité. Les œuvres espagnoles scientifiques, littéraires, artistiques qui ne seraient pas dangereuses pour l'ordre public dans lesdits territoires continueront à y entrer en franchise de tout droit de douane pendant une durée de dix ans à partir de la ratification de ce traité.

« ART. 14. — L'Espagne pourra établir des agents consulaires dans les ports et villes des territoires dont l'abandon ou la cession fait l'objet du présent traité.

« ART. 16. — Il est bien entendu que toute obligation contractée par les Etats-Unis relativement à Cuba est limitée au temps que durera leur occupation, mais à la fin de cette occupation ils conseilleront au Gouvernement qui sera établi dans l'île d'accepter les mêmes obligations. »

Le lendemain de la signature de ce traité, mourait à Washington l'insigne général Calixto García, qui y était allé représenter l'armée cubaine à une conférence avec le Président Mac Kinley. Le gouvernement des Etats-Unis lui donna une sépulture provisoire dans le Cimetière National, lui accordant les honneurs dus à un général mort en campagne et couvrait ses dépouilles avec le drapeau à l'Etoile Solitaire pour lequel il avait si héroïquement combattu toute son existence.

Le 1er janvier 1899, conformément au traité, les forces espagnoles évacuèrent l'île de Cuba, les Etats-Unis en prirent possession et placèrent comme gouverneur militaire le général John R. Brooke, nommé par le Président des Etats-Unis ; l'armée cubaine, encore organisée, collaborant à conserver l'ordre dans les villes qui furent dès ce moment gouvernées par les autorités cubaines, et, fait remarquable, il n'y eut ni vengeance, ni représailles, ni excès dans toute l'île.

Un grand nombre des membres de l'armée cubaine se remirent à leurs occupations habituelles et les autres formèrent la garde rurale laquelle, avec une petite force américaine, a conservé la paix qui, depuis n'a plus été troublée, garantissant la reconstitution agricole et le maintien de l'ordre dans les villes.

Le général Brooke s'entoura tout de suite d'un cabinet formé de Cubains, plaçant également dans les mains des Cubains l'organisation civile de l'île.

Le 16 octobre 1899, le premier pas fut fait vers l'établissement d'un système efficace de gouvernement propre, par le recensement du pays.

En décembre, le général Léonard Wood, qui s'était distingué en campagne par sa bravoure et ensuite à Santiago de Cuba par ses qualités de gouverneur et par son habileté, son intelligence et son amour du pays, fut nommé gouverneur de l'île par le Président des Etats-Unis. Dès lors, son activité et sa connaissance du pays ont concouru à accélérer son progrès et à assurer son pacifique développement politique. Le 16 juin dernier, eurent lieu les premières élections sous le nouveau régime, le peuple cubain nommant librement pour la première fois les autorités municipales, germes de la nouvelle République.

En acceptant tout récemment (1) la candidature du Parti républicain pour la Présidence des Etats-Unis, le Président Mac Kinley vient de déclarer encore une fois :

« Cuba a été libérée et les promesses sacrées que nous avons faites à son peuple seront fidèlement observées ».

Les Etats-Unis retirent à présent leurs troupes, et, le 15 septembre, auront lieu les élections pour l'Assemblée Nationale Constituante qui se réunira le 5 novembre et qui établira la Constitution de la République suivant laquelle seront nommés les représentants du pays.

Selon toutes probabilités, le 1er janvier 1901, le premier jour du xxme siècle, sera constituée la République de Cuba.

Ainsi se terminera l'œuvre d'humanité entreprise par l'illustre Président Mac Kinley qui, à la fin du siècle, renouvela la sublime Déclaration d'Indépendance en faveur d'un peuple voisin, faible et opprimé, autant que fier et indomptable, pour qu'il pût également jouir de ce qu'il avait mérité par son héroïsme et son martyre : des bienfaits de l'indépendance et de la liberté.

---

(1) Le 12 juillet 1900.

III

TERRITOIRE

« Cette île (Cuba), la plus vaste des Antilles et celle qui occupe la position géographique dominante entre le golfe du Mexique et la mer des Caraïbes », a dit l'éminent géographe Elisée Reclus (1), et c'est la description la plus exacte et la plus courte que l'on puisse donner de la position géographique de l'île, en réponse à plus d'un dictionnaire encyclopédique, qui place Cuba comme appartenant à l'Amérique Centrale ou bien à l'Amérique du Sud. En effet, Cuba est la plus occidentale du groupe des Antilles, à 114 milles du Yucatan, à 96 de la Floride, à 105 de la Jamaïque et à 45 d'Haïti.

Sa configuration est longitudinale, et elle ressemble à un arc de cercle dont la partie convexe regarde le Nord. Elle s'étend du 74° au 85° de Greenwich, longitude occidentale comptée du méridien de Washington, et du 19°50' à 23°10' latitude Nord. Elle a 760 milles (1.594 kilomètres) de l'Est

(1) *Nouvelle Géographie Universelle*, Paris, 1891, t. XVII, p. 653.

VALLÉE DU YUMURI

à l'Ouest, 160 milles (200 kilomètres) dans sa plus grande largeur, et 22 milles (40 kilomètres) dans la partie la plus étroite. La moyenne de sa largeur est de 50 milles (92 kilomètres).

La ligne de ses côtes est de 2.200 milles ; si l'on compte toutes ses baies, etc., elle est en ce cas de 6.500 milles, mais si on élimine les baies peu profondes, on peut estimer la ligne de ses côtes à 3.000 milles approximativement.

La superficie totale est de 45.883 milles carrés (118.832 kilomètres carrés). De cette superficie, Cuba a 43.319 milles, l'Ile de Pinos 1.214 et les autres îles et petits îlots, 1.350. Cuba est donc plus grande que le Portugal, la Belgique, la Hollande, la Suisse, la Bulgarie, la Serbie, le Salvador, Costa-Rica et d'autres pays, et aussi grande que l'Angleterre.

La province la plus grande est celle de Santiago de Cuba, avec 13.530 milles carrés et la plus petite, Matanzas avec 3.265 milles. L'on considère l'île de Pinos comme appartenant à la province de la Havane.

Humboldt a fait cette description du sol de l'île de Cuba :

« Le sol de l'île ondule légèrement entre 280 et 380 pieds sur le niveau de la mer, descendant dans les grandes plaines de Puerto Príncipe, Santa Clara et Matanzas, qui sont renommées par les bonnes qualités des eaux et l'abondance et l'étendue de ses forêts. Aussi, ces plaines sont-elles favorables aux cultures les plus importantes, ainsi qu'à l'élevage des troupeaux. »

Cuba, comme les autres îles voisines, est presque toute de formation de corail ou volcanique. Les innombrables petites îles et îlots qui l'entourent sont séparés d'elle seulement par de petits détroits, ce qui rend très facile la navigation des petites embarcations. Elle possède aussi beaucoup d'excellentes baies où les vaisseaux de haut bord trouvent un asile sûr. La partie sud de l'île est basse ; il y a de grandes étendues en état de formation couvertes de mangliers, dont l'écorce est très riche en tannin qu'on emploie pour le tannage.

Une chaîne de montagnes, comme une épine dorsale, traverse l'île de l'Est à l'Ouest, sans élévations remarquables, excepté dans la partie orientale, à la Sierra Maestra (province de Santiago de Cuba) où le Pico Turquino a une hauteur de 7.670 pieds, la Gran Piedra 5.400 pieds et le Yunque et Ojo del Toro environ 3.600 pieds de hauteur au-dessus du niveau de la mer. Dans le Camagüey, la chaîne de montagnes forme les Sierras de Cubitas et de Najasa ; à Santa Clara, elle atteint une élévation de 3.000 pieds sous le nom de Sierra del Escambray ; en traversant Matanzas, elle ne s'élève qu'à 1.300 pieds dans le cône nommé Pan de Matanzas ; et finalement, dans les provinces de la Havane et de Pinar del Río, elle s'élève dans cette dernière province à 2.530 pieds au-dessus du niveau de la mer, sous le nom de Pan de Guajaibón.

Presque toutes ces montagnes sont toujours couvertes de verdure, et, leurs terrains pour la culture de différents produits sont aussi fertiles que ceux des plaines qui les entourent. La formation géologique de ces montagnes varie dans diverses parties de l'île : la partie orientale est constituée d'une grande masse calcaire qui a pour base la formation schisteuse. Les provinces centrales et occidentales sont constituées d'une formation de gypse, une de pierre et d'argile sablonneuse et deux de chaux compacte. A l'Est de la Havane, les formations secondaires géologiques s'interrompent par des rochers syénitiques et euphotides unis en groupes, la strate syénitique intercalée avec la serpentine.

Les plus remarquables des grottes sont celles de Bellamar, d'une beauté merveilleuse, près de Matanzas, qui sont très visitées à cause de la proximité de cette ville de la Havane. Dans le Camagüey, ou province de Puerto Príncipe, on trouve les grottes de Cubitas, et dans la province de Santiago, celles connues sous le nom de *Cueva del Negro*, près de Baire.

Les rivières, dont le nombre s'élève à près de 200, sont généralement de petit parcours, ayant leurs sources près de la côte. La plupart ne sont pas navigables ; mais on les utilise pour l'irrigation des cultures, ce qui contribue d'une façon remarquable à la richesse agricole du pays.

GROTTES DE BELLAMAR, SALLE DES DOUZE APÔTRES

Voici les plus importantes de ces rivières :

PROVINCE DE PINAR DEL RIO

Le *Cuyaguateje*, de 79 kilomètres de parcours dont 21 navigables, le *Palacios*, le *Mantua*, le *San Diego*, le *Banes*, le *San Juan y Martinez*, et le *Coloma*.

PROVINCE DE LA HAVANE

L'*Almendares*, est un fleuve de grand parcours alimentant la Havane au moyen d'un aqueduc ; le *Mayabeque*, le *Cojimar*, l'*Ariguanabo*, qui prend sa source dans un lac de 8 kilomètres de superficie et disparaît soudainement dans la terre à San Antonio de los Baños ; le *Bacuranao*, et le *Jaruco*.

PROVINCE DE MATANZAS

L'*Hanábana*, 12 kilomètres de parcours ; le *Palmillas*, qui disparaît dans la terre ; le *Yumurí*, de 25 kilomètres, dont 2 kil. 1/2 navigables ; le *San Juan*, de grand parcours, dont 4 kilomètres navigables ; le *Canímar*, qui a 25 kilomètres de longueur dont 8 navigables et se jette dans la baie de Matanzas, de même que le *Yumurí* et le *San Juan* ; le *Camarones*, le *Júcaro*, le *Blanco*, le *Manacas*, le *San Anton*, le *Negro*, le *Palma*, le *Piedras*, et le *Canánas*.

PROVINCE DE SANTA CLARA

L'*Hanabanilla*, qui forme une cascade de 100 mètres de hauteur ; l'*Arimao*, de grande longueur ; le *Damují*, de 76 kilomètres, dont 25 navigables ; l'*Hatiguanico* ou *Gonzalo*, le *Sagua la Grande*, le *Lajitas*, le *Sagua la Chica*, le *Jatibonico del Norte*, ce dernier de 21 kilomètres, le *Yaguaramas*, le *Magdalena*, le *Sipiabo*, le *Zaza*, le *Manatí*, le *Yayabo*, le *Tuinucú*, le *Guaurabo*, l'*Ay*, le *Managüitas*, le *Calabazar* et l'*Hondo*.

PROVINCE DE PUERTO PRINCIPE

Le *Tínima* et le *Jatibonico del Sur*, ce dernier de 106 kilomètres dont 12 navigables ; le *Nuevitas*, le *Jigüey*, le *Cuma-*

nayagua, le *Concepción*, le *Guanabano*, le *Caonao*, le *San Pedro*, le *Saramaguacán*, le *Máximo*, le *Sebastopol*, le *Quemados*, l'*Altamira*, le *San Juan*, le *Cascorro*, le *Guáimaro*, le *Tana*, le *Sevilla*, le *Santa Cruz*, l'*Arroyo Blanco*, le *Najasa*, le *Contramaestre*, le *Guariaos*, le *Najarro* et le *Guanayú*.

PROVINCE DE SANTIAGO DE CUBA

Le *Cauto*, le plus grand fleuve de Cuba, a plus de 250 kilomètres de longueur dont 93 sont navigables; le *Jiguaní*, le *Guamá* qui a une cascade de 300 mètres de hauteur, le *Cupainicú*, le *Cautillo*, le *Salado*, de 110 kilomètres, le *Bayamo*, le *Contramaestre*, le *Yabazon*, le *Cacocún*, le *Moa*, avec une cascade de grande hauteur, le *Levisa*, le *Tacajó*, le *Gibara*, le *Guaso*, le *Maisí*, le *Yara*, le *Tánamo*, le *Yumurí*, le *Yateras*, le *Baine*, le *Niquero*, le *Mayarí*, le *Bijarú*, le *Mejía*, le *Nipe*, le *Chaparra*, le *Turquino*, le *Banes*, le *Cacoyogüin*, le *Guaininicún*, le *Jobabo*, le *Yariguá*, l'*Arenas*, le *Jicotea* et l'*Hormiguero*.

LE CAUTO

IV

CLIMAT ET SALUBRITÉ

Contrairement à l'opinion répandue à l'étranger, Cuba est un pays salubre. A la capitale, la Havane, la ville la plus malsaine de Cuba, la statistique a démontré que les décès n'y sont que de 33 pour 1.000, c'est-à-dire, moins qu'à Naples, Rio de Janeiro, Santiago du Chili, Valparaiso, etc. Dans le reste de la province de la Havane, ils ne sont que de 29.8 pour 1.000, et dans les autres provinces la mortalité est moindre encore. La partie intérieure est très salubre et l'on peut habiter partout le pays, sans danger pour la santé, si l'on observe les règles sanitaires et hygiéniques : surtout l'on ne doit pas trop boire et l'on doit s'abstenir de manger des fruits qui ne soient complètement mûrs. De la fièvre jaune, la statistique a constaté que seulement sont morts 8 pour 100 des malades qui recevaient les soins de la science.

Comme dans tous les pays tropicaux, à Cuba il y a deux saisons : celle d'été et celle des pluies. La dernière commence au mois de juin et finit au mois de novembre. Par le

24

tableau officiel suivant l'on se rendra compte de la quantité de pluie tombée à la Havane dans chaque saison :

SAISON DES PLUIES Juin à octobre inclus (5 mois)			SAISON D'ÉTÉ Novembre à mai inclus (7 mois)		
Années	Quantités	Pour Cent annuel	Années	Quantités	Pour Cent annuel
1893	38.95	64	1893	21.64	36
1894	38.08	75	1894	12.63	25
1895	38.78	69	1895	17.07	31
1896	31.09	60	1896	19.97	·40
1897	27.70	60	1897	18.51	40

MOYENNE *du nombre de jours de chaque mois où il a plu à la Havane et à Santiago de Cuba.*

MOIS	La Havane	Santiago de Cuba
Janvier	7.5	2.0
Février	5.7	5.0
Mars	5.5	6.0
Avril	4.6	9.0
Mai.	9.3	1.0
Juin	12.8	5.0
Juillet.	12.7	5.0
Août	12.6	16.0
Septembre	15.4	19.0
Octobre.	15.1	11.0
Novembre.	10.2	9.0
Décembre.	8.5	3.0
Total annuel. . . .	119.9 15 ans	101.0 1 an

QUANTITÉ *de pluie tombée à la Havane exprimée en pouces.*

MOIS	1893	1894	1895	1896	1897	Moyenne de 28 ans
Janvier. . .	4.21	0.46	0.45	1.11	6.31	2.71
Février. . .	0.26	1.26	5.05	6.22	1.23	2.27
Mars. . . .	0.56	2.42	1.31	3.69	3.22	1.83
Avril. . . .	1.12	0.78	1.85	0.00	5.67	2.83
Mai.	5.79	2.60	4.92	2.70	0.33	4.47
Juin	10.67	6.78	3.76	16.91	5.26	7.16
Juillet . . .	4.64	5.11	4.33	3.10	5.98	5.06
Août. . . .	7.18	2.40	4.65	3.88	5.72	6.02
Septembre .	3.15	10.26	13.57	5.73	7.61	6.71
Octobre . .	13.31	13.53	12.47	1.47	3.13	7.42
Novembre .	4.14	4.17	2.16	3.53	1.45	3.08
Décembre .	5.56	0.94	1.33	2.72	0.30	2.17
Annuelle. .	60.59	50.71	55.85	51.06	46.21	51.73

MOYENNE *mensuelle et annuelle de pluie tombée à la Havane et à Matanzas exprimée en pouces.*

MOIS	La Havane		Matanzas
Janvier. . . .	2.32	2.71	3.18
Février. . . .	2.52	2.27	77
Mars.	2.50	1.83	63
Avril.	1.46	2.83	1.92
Mai	5.15	4.47	2.32
Juin	8.29	7.16	5.35
Juillet	5.09	5.05	9.57
Août	5.43	6.02	11.50
Septembre . .	7.62	6.71	7.80
Octobre . . .	8.49	7.42	7.47
Novembre . .	4.24	3.08	3.38
Décembre . .	1.93	2.15	1.40
Par an	55.14	51.73	55.29
	10 ans	30 ans	1 an

La saison des pluies s'annonce par des bruines précédées de vents forts, généralement l'après-midi. Plus tard, ces pluies tombent le matin, et ensuite à toute heure, courtes et fortes, avec le soleil brillant par intervalles. Les tempêtes prolongées sont rares, et les ouragans ont presque toujours lieu du mois d'août au commencement de novembre. Les plus désastreux ont été ceux de 1774, 1844, 1846, 1865, 1870, 1876 et 1885 ; mais, généralement, ils n'ont pas de graves conséquences.

Les vents viennent du Nord, excepté les cycloniques lorsqu'ils obéissent au centre d'activité cyclonique ou anti-cyclonique. Les hauteurs dans les côtes et dans l'intérieur du pays sont très salubres et libres des fièvres parce qu'elles sont fréquemment rafraîchies par le vent et spécialement par la brise.

La vitesse moyenne des vents est de 7 1/2 milles, atteignant en hiver 8.5, et en été 6.5 ; elle est plus élevée sur la côte nord que sur la côte sud.

Tableau Hygrométrique

MOIS	Humidité moyenne relative pour 100	Moyenne absolue par pied cubique
Janvier	75	6.2
Février.	73	6.4
Mars	70	6.3
Avril	69	6.8
Mai.	71	7.6
Juin	76	8.7
Juillet.	74	8.8
Août	75	8.8
Septembre	79	8.9
Octobre.	78	8.1
Novembre.	77	7.4
Décembre.	74	6.3
Annuelle	74	7.5

Le tableau suivant donne la vitesse du vent pendant l'année et à diverses heures de la journée à la Havane :

MOIS	VITESSE moyenne par mille et par heure	Direction qui prévaut	HEURES de la Journée	MILLES par heure
Janvier. . . .	7.8	E.	4 h. matin	4.3
Février . . .	8.3	E.	6 —	4.5
Mars	8.7	E.	8 —	6.5
Avril	9.2	E.		
Mai.	7.8	E.	10 —	9.2
Juin	6.7	E.	Midi	10.7
Juillet. . . .	6.5	E.	2 h. soir	11.4
Août.	6.3	E.		
Septembre. .	6.5	E.	4 —	10.7
Octobre . . .	7.8	N.-E.	6 —	8.7
Novembre . .	8.7	E.	8 —	6.9
Décembre . .	8.3	E.	10 —	5.6
Annuelle. . .	7.8	E.		

TABLEAU COMPARATIF

entre les Thermomètres Centigrade et Fahrenheit.

Centigrade	Fahrenheit	Centigrade	Fahrenheit
0.	32	12.	53.6
1.	33.8	13.	55.4
2.	35.6	14.	57.2
3.	37.4	15.	59
4.	39.2	20.	68
5.	41	25.	77
6.	42.8	30.	86
7.	44.6	35.	95
8.	46.4	40.	104
9.	48.2	45.	113
10.	50	50.	122
11.	51.8	100.	212

Le changement de température par degrés Fahrenheit à la Havane est le suivant :

MOIS	MATIN				SOIR					
	4 h.	6 h.	8 h.	10 h.	12 h.	2 h.	4 h.	6 h.	8 h.	10 h.
Janvier. . .	64.6	64.2	65.8	70.9	73.6	74.1	73.2	70.9	69.1	67.6
Février . .	66.0	65.7	67.6	72.3	75.6	76.3	75.6	72.9	70.7	69.1
Mars. . .	67.3	66.9	70.3	75.7	78.4	79.2	78.1	75.0	72.7	71.1
Avril. . .	70.0	69.6	78.4	79.5	81.3	81.1	80.8	77.9	75.2	73.8
Mai. . . .	72.7	72.9	78.8	82.8	83.1	83.3	82.8	80.4	77.5	76.3
Juin . . .	75.0	75.6	81.5	84.9	85.6	85.5	84.0	82.0	79.2	77.7
Juillet. .	75.7	75.9	81.9	86.2	87.1	87.7	85.6	83.5	80.2	78.8
Août. . .	76.3	76.3	81.1	85.8	86.9	86.7	85.5	83.3	80.6	79.5
Septembre	75.6	75.4	79.3	83.8	85.1	84.6	83.7	81.3	79.3	78.3
Octobre. .	73.9	73.6	76.6	80.6	81.9	82.0	80.4	78.3	77.0	76.1
Novembre	71.1	70.7	73.4	77.5	79.2	79.2	77.9	75.7	74.5	73.4
Décembre	67.3	66.9	68.7	73.4	75.2	75.7	74.5	72.3	70.9	69.8

Moyenne *de la température mensuelle et annuelle par degrés Fahrenheit dans quelques villes de Cuba.*

MOIS	La Havane	Matanzas	Santiago de Cuba
Janvier. . . .	70.3	73.6	77.0
Février . . .	72.0	72.0	77.0
Mars.	73.2	75.6	77.0
Avril.	76.1	80.1	80.0
Mai	78.8	80.8	81.0
Juin	81.5	82.2	83.0
Juillet	82.4	81.5	83.0
Août.	82.2	80.6	83.0
Septembre . .	80.7	82.3	82.0
Octobre . . .	78.1	78.8	81.0
Novembre . .	75.3	77.7	79.0
Décembre . .	71.4	74.8	78.0
Annuelle. . .	76.8	78.4	80.0
Nombre d'années .	10	2	I

Tableau *indiquant les températures maximum, minimum et moyenne à la Havane pour chaque mois pendant les dix dernières années.*

MOIS	Température maximum	Température minimum	Température moyenne
Janvier. . . .	84.4	52.2	70.3
Février. . . .	87.6	49.6	72.0
Mars.	91.4	55.0	73.2
Avril.	93.6	52.9	76.1
Mai	99.0	64.4	78.8
Juin	97.7	69.1	81.5
Juillet	100.6	71.2	82.4
Août.	98.6	69.8	82.2
Septembre . .	96.6	70.9	80.7
Octobre . . .	91.9	61.7	78.1
Novembre . .	88.7	56.5	75.3
Décembre . .	86.0	51.8	71.4
Annuelle . . .	100.6	49.6	76.8

Dans l'intérieur du pays, particulièrement dans les hauteurs, la température est beaucoup plus basse, et partout la brise du soir tempère la chaleur.

La transparence de l'atmosphère est exceptionnelle, et les objets s'aperçoivent à grande distance. Il n'y a pas de crépuscule de longue durée comme dans les latitudes du nord et le coucher du soleil quoique bref, est splendide.

OBSERVATIONS FAITES PENDANT L'ANNÉE 1899

à l'Observatoire de Belen, à la Havane.

Déclinaison magnétique absolue.

En décembre 21 de 1886 = N. 3° 33' 30" E.
En novembre 14 de 1899 = N. 3° 9' 39" E.

Le décroissement moyen annuel de déclinaison déduit des dix observations ordinaires faites tous les jours, de deux en deux heures, pendant quinze ans, est égal à 1' 77.

Hauteurs barométriques réduites à la température de 0° centigrade.

Maximum dans l'année.	770.98
Minimum dans l'année.	751.20
Moyenne dans l'année	761.14

TEMPÉRATURE *à l'ombre. Thermomètre centigrade. Moyenne des températures dans l'année.*

Pendant les heures d'observations.

A 4 heures du matin.	22.1
A 6 heures du matin.	22.0
A 8 heures du matin.	24.5
A 10 heures du matin.	27.0
A midi	27.7
A 2 heures de l'après-midi	27.6
A 4 heures de l'après-midi	26.9
A 6 heures du soir.	25.7
A 8 heures du soir.	24.6
A 10 heures du soir	23.9

Par mois.

Janvier	23.0
Février.	22.5
Mars	23.7
Avril	24.1
Mai.	26.0
Juin	26.8
Juillet	27.7
Août	28.4
Septembre	27.8
Octobre.	26.2
Novembre	24.0
Décembre.	22.2

Le maximum de température annuelle à été de 33.6 ; le minimum 12.0 et la moyenne 25.2.

Humidité relative.

Maximum annuel 99
Minimum annuel 31
Moyenne annuelle. 73.6

DIRECTION DU VENT. — *Nombre de fois que chaque vent a été remarqué pendant les heures d'observation.*

Calme. 167
N. 309
N. N. E. 380
N. E.. 846
E. N. E. 494
E. 357
E. S. E. 143
S. E.. 152
S. S. E. 131
S. 149
S. S. O. 56
S. O.. 39
O. S. O. 19
O. 48
O. N. O. 72
N. O. 117
N. N. O. 171

Ces observations confirment que les vents du N. E. et ceux se rapprochant de cette direction sont les dominants.

Vitesse du Vent.

Maximum annuel . 30.0 m. par seconde.
Minimum annuel . 00.0 m. par seconde.
Moyenne annuelle. 3.8 m. par seconde.

Pluie.

MOIS	PLUVIOMÈTRE		
	Nombre de jours de pluie	Maximum de pluie en 24 heures — Millimètres	Pluie totale — Millimètres
Janvier	14	15.4	49.0
Février. . . .	9	22.7	76.9
Mars.	5	14.6	23.1
Avril.	2	20.8	21.3
Mai	3	42.2	49.2
Juin	13	44.1	84.3
Juillet	11	39.9	97.0
Août.	7	6.8	12.0
Septembre . .	12	22.6	63.7
Octobre . . .	19	37.3	126.6
Novembre . .	11	44.7	78.9
Décembre . .	8	14.9	26.4
Année	114	44.7	708.4

V

POPULATION

La population de Cuba, le 16 octobre 1899, date du dernier recensement général, s'élevait à :

1.572.797 habitants, dont 518 hommes et 482 femmes pour 1.000.

Par races.	POPULATION	Pour 1000 habitants	
		Hommes	Femmes
Blancs cubains	910.299	492	508
— étrangers	142.198	815	185
Nègres.	234.638	435	565
Métis	270.805	464	536
Chinois.	14.857	89	11
TOTAL	1.572.797		

Ainsi, des habitants de Cuba, 1.052.497 sont blancs et 520.300 de couleur, c'est-à-dire, 68 blancs pour 32 de couleur.

La province qui compte le plus d'habitants chinois est celle de Matanzas.

Par âge.

La population totale des hommes majeurs de vingt et un ans est de :

187.000 cubains blancs.
96.083 espagnols.
6.794 d'autres nationalités.
127.300 de couleur.

Par nationalités.

1.296.367 cubains.
20.478 espagnols.
19.526 d'autres nationalités.
105.811 espagnols n'ayant pas encore fixé leur nationalité.

La population espagnole par naissance s'élevait à 129.240 habitants.

Par état civil.

1.108.709 celibataires, 246.351 mariés, 131.787 unions libres, et 85.112 veufs et veuves.

Population de la Ville de la Havane.

235.981 habitants : 123.258 hommes et 112.723 femmes. 115.532 Cubains blancs et 52.901 étrangers dont 41.190 hommes et 11.711 femmes.

64.754 de couleur dont 26.391 hommes et 38.363 femmes. Aussi 2.794 Chinois.

Les villes de la Province de Santiago dont la population blanche est plus élevée, sont :

Holguín 88/100

Gibara 81/100
Puerto Padre 74/100
Niquero 71/100

Dans la ville de Santiago de Cuba, il y a 42 blancs pour
58 nègres et métis. Dans certains districts de la province, la
proportion de la population nègre sur la blanche est la suivante :

El Cobre 77/100
Alto Songo 75/100
San Luís 70/100
Guantánamo 68/100

Proportion de la population de couleur.

Puerto Príncipe 19/100
La Havane 26/100
Pinar del Río 26/100
Santa Clara 31/100
Matanzas 41/100
Santiago de Cuba 45/100

POPULATION *de Cuba par races et à diverses époques.*

ANNÉES	Blancs	Métis	Nègres	Total de couleur	Chinois	Total général
1774.	96.500	[1]23.500	[2]52.500	76.000	»	172.500
1792.	154.000	47.000	71.000	118.000	»	272.000
1841.	481.000	99.000	490.000	589.000	»	1.070.000
1862.	730.000	135.000	422.000	557.000	34.000	1.321.000
1887.	1.102.500	»	»	501.500	28.000	1.632.000
1899.	1.052.497	270.805	234.638	505.443	14.857	1.572.797

[1] Approximatif.
[2] Id.

POPULATION TOTALE *par provinces, d'après les deux derniers*
recensements.

PROVINCES	Recensement de 1887	Recensement de 1899
Pinar del Río	225.891	173.064
Havane.	451.928	424.804
Matanzas	259.578	202.444
Santa Clara	354.122	356.536
Puerto Príncipe	67.789	88.234
Santiago de Cuba	272.379	327.715
TOTAL	1.631.687	1.572.797

L'exactitude du recensement de 1887 est discutable ; mais
même s'il n'est pas exact, on peut assurer que le nombre
d'habitants ne fut pas exagéré.

Quand on compare la population totale résultant de ces
deux recensements, on voit que la perte subie pendant les
12 années s'élève à 59.842, c'est-à-dire 4 % de la population de 1887. Cette perte peut être attribuée à la dernière
guerre et au système de reconcentration employé durant
cette période, et les chiffres mentionnés expriment seulement une partie des pertes qu'on doit à ces causes. D'accord
avec l'histoire de l'île et en jugeant par l'excès des naissances sur les décès, selon les registres civils, il faut croire
que la population augmenta depuis 1887 jusqu'au commencement de la guerre en 1895, et à cette époque elle s'élevait
à environ 1.800.000 habitants. Il est donc probable que les
pertes directes et indirectes causées par la guerre et le
système de reconcentration, y compris la diminution dans
les naissances, l'émigration, et l'augmentation dans les décès
et dans l'émigration, se soient élevées à 200.000 âmes.

Densité de la population

L'aire de Cuba est de 45.883 milles carrés approximativement, ou 118.832 kilomètres carrés, et le nombre d'habi-

CIENFUEGOS

tants par mille carré est d'une moyenne de 35,7, c'est-à-dire 15 habitants par kilomètre carré.

La densité de la population de Cuba est égale à celle des Etats-Unis. Cuba peut facilement soutenir jusqu'à treize millions d'habitants.

Les villes les plus importantes sont les suivantes :

Province de Pinar del Río.

	Habitants
Pinar del Río (capitale)	38.343
Viñales	17.700
Consolación del Sur	16.665
San Juan y Martinez	14.787
Guane	14.760
Artemisa	9.137
Guanajay	8.796
Mantua	8.366

Province de la Havane.

La Havane (capitale)	235.981
Guanabacoa	20.080
San Antonio de los Baños	12.630
Güira de Meléna	11.548
Güines	11.394
Regla	11.363
Santiago de las Vegas	10.276
Alquízar	8.746

Province de Matanzas.

Matanzas (capitale)	45.282
Cárdenas	24.861
Colón	12.195
Macurijes	10.405
Bolondrón	9.179
Martí	8.905
Alacranes	8.110

Province de Santa Clara.

Santa Clara (capitale)	28.437
Cienfuegos	59.128

	Habitants
Sancti Spiritus	25.709
Trinidad	24.271
Sagua la Grande	21.342
Remedios	14.833
Camajuaní	14.495
Calabazar	13.419
Vueltas	12.832
Placetas	11.961
Santo Domingo	10.372
Yaguajay	9.718
Santa Isabel de las Lajas . . . . . , ...	9.603
Rodas	9.562
Quemado de Güines	8.890
Caibarién	8.650

Province de Puerto Príncipe.

Puerto Príncipe (capitale)	53.140
Nuevitas	10.355
Ciego de Ávila	9.801
Morón	9.630

Province de Santiago d Cuba.

Santiago de Cuba (capitale)	45.478
Holguín	34.506
Manzanillo	32.288
Gibara	31.594
Guantánamo	28.063
Baracoa	21.944
Bayamo	21.193
Puerto Padre	19.984
Alto Songo	12.770
Palma Soriano	12.305
San Luís	11.681
El Cobre	10.707
Jiguaní	10.495
Caney	9.176
Mayarí	8.504

ENTRÉE DU PORT DE SANTIAGO DE CUBA

ENSEIGNEMENT PUBLIC

———

A Cuba, l'instruction publique est obligatoire et libre. Elle est à la charge de la Direction de l'Instruction Publique dans le Ministère de la Justice et de l'Instruction Publique, et se divise en élémentaire ou préparatoire, et supérieure.

L'élémentaire ou préparatoire est soutenue par les municipalités ; mais, dans ces premiers mois de la nouvelle organisation de l'île, et avec l'idée de lui donner une initiative qui lui serve de guide, l'État a payé une grande partie de ces frais.

Le nombre des écoles publiques pendant l'année 1893 était de 843, ou une école pour 1.800 habitants.

En 1895, on comptait 766 écoles privées et 910 écoles publiques primaires, dont 449 complètes et 461 incomplètes : en tout, 1.676 écoles avec un total de 64.996 élèves, c'est-à-dire un élève pour 25 habitants.

Selon la loi, il aurait dû exister 1870 écoles primaires complètes au lieu de 469.

Les élèves qui concouraient aux écoles supérieures se distribuaient ainsi :

Université de la Havane. . . .	1.317 élèves.
Instituts académiques	3.415 —
École normale	292 —
École industrielle.	42 —
École des Beaux-Arts.	375 —
	5.441 élèves.

Maintenant, l'enseignement est complètement réorganisé. On vient de faire une commande de livres pour les institutions publiques pour instruire gratuitement 100.000 élèves. Dans ces écoles, l'on apprend la lecture, l'écriture, l'arithmétique, la grammaire, la géographie et l'histoire de Cuba, un cours spécial d'agriculture et de dessin pour les garçons et un cours de couture pour les filles.

Il y a dans chaque province un lycée d'enseignement supérieur où se font les études préparatoires au baccalauréat et d'autres institutions privées autorisées pour donner ce grade.

D'après le recensement du 16 octobre 1899, 443.426 habitants de Cuba savent lire et écrire et 19.158 ont l'instruction supérieure, ce qui indique que 295 sur 1000 habitants ont de l'instruction.

140.000 enfants vont maintenant à l'école (1).

17.426 habitants espagnols n'ont aucune instruction.

Parmi les 127.000 adultes nègres, 28.400 savent lire et écrire.

A la Havane, il existe en plus l'Académie des Beaux-Arts de Saint-Alexandre, qui a eu jusqu'à 400 élèves, l'École Professionnelle (technique), l'École Normale de Professeurs et le Conservatoire National de Musique.

(1) D'après le dernier rapport du Surintendant d'Instruction Publique.

STATUE DE L'INDIENNE, A LA HAVANE

Les cours de l'Université de la Havane sont ceux-ci : Lettres et Sciences, Médecine et Pharmacie, et Droit.

La première Faculté comprend : les études d'Ingénieur, Électricité, Architecture, Philosophie et Lettres, Pédagogie, Sciences, et Agronomie.

La deuxième : Médecine, Pharmacie, Chirurgie dentaire, et Vétérinaire.

La troisième : Droit civil, Droit public, et Notariat.

SCIENCES, LETTRES
ET BEAUX-ARTS

Vers la fin du XVIIIe siècle, Charles IV d'Espagne, et au commencement du XIXe (en 1828) Ferdinand VII, ordonnèrent que tous les Cubains qui étudiaient aux États-Unis et en France, retournassent à Cuba. Ces mesures furent prises par la crainte que les Cubains élevés dans des pays étrangers ne suivissent l'exemple, de retour dans leur pays, des systèmes et des doctrines avancés, et s'opposassent à la nature monarchiste et absolutiste du gouvernement espagnol.

Malgré toutes ces précautions, l'intelligence et l'initiative du peuple cubain marchèrent toujours en avant, d'accord avec les idées civilisatrices qui lui venaient de l'étranger.

Le développement intellectuel prit naissance dans l'île au commencement du XIXe siècle.

La première imprimerie fut fondée à la Havane par M. Habré, vers 1701, et le premier journal d'information fut le *Papel Periódico de la Habana*, fondé en 1792 ; antérieurement avait été fondée la *Gaceta* (1782), journal exclusivement réservé aux annonces officielles.

LA HAVANE

Une autorité de la France intellectuelle, M. Charles de Mazade (1), écrivit ce qui suit, il y a presqu'un demi-siècle, au sujet de la civilisation de Cuba : « Un des caractères remarquables de cette population si favorisée matériellement et politiquement dépendante, c'est une intelligence souple et vive, une aptitude naturelle à ressentir toutes les jouissances des arts, une extrême ardeur de savoir et de connaître : tout cela peu profond et servant comme de rudiment à une civilisation intellectuelle qui tend à se former à travers les difficultés d'un régime sévère ».

On publie maintenant à Cuba, 165 journaux : 67, dont 14 quotidiens, appartiennent à la Havane.

La Havane, capitale de Cuba, est une grande ville et un des ports les plus importants de l'Amérique. Elle est d'une importance égale à Bordeaux, Barcelone, Anvers, Édimbourg, Dublin, Lisbonne, Dresde, Turin, Palerme, Rotterdam, Odessa, Montréal, Santiago du Chili, et supérieure au Havre, Lille, Rouen, Gênes, Florence, Venise, Oporto, Séville, Malaga, Valence, Stuttgard, Hanovre, Strasbourg, Liège, La Haye, Athènes, Prague, Trieste, Lima, Montevideo, Téhéran, Yokohama et beaucoup d'autres.

La Havane possède une Université pour les études de droit, médecine, pharmacie, lettres et sciences ; un Lycée provincial ; une Académie de Sciences ; une Société économique des Amis du pays ; une Académie de Beaux-Arts ; deux Conservatoires de Musique ; un Collège d'avocats ; un Institut bactériologique, système Pasteur ; une Association de planteurs-sucriers ; plusieurs Bibliothèques ; une Chambre de Commerce ; une Bourse de Commerce ; une Chambre de notaires ; une Chambre d'experts mercantiles ; un Dépôt hydrographique ; un Observatoire météorologique ; deux Écoles normales de professeurs, une pour hommes et une pour femmes ; une École d'Arts et Métiers ; plusieurs Hôpitaux et Asiles ; deux corps de pompiers ; plus de vingt Églises ; une Société anthropologique ; une Société d'études cliniques ; une Société odontologique ; plusieurs Casinos

(1) LA SOCIÉTÉ ET LA LITTÉRATURE A CUBA : *Revue des Deux-Mondes*, page 1026, Paris, 1851.

44

et Cercles; sept Théâtres; éclairage électrique et au gaz;
diverses lignes d'Omnibus et de Tramways; une Société de
commerçants et de cultivateurs ; un Centre de vaccination,
et un Jardin botanique.

A la Havane, on compte ces bibliothèques : Universite
(11.000 volumes), Société économique des Amis du pays
(cette bibliothèque fut fondée en 1791 avec 2.000 volumes
et en possède aujourd'hui 32.000), Académie des Sciences
(7.000 volumes), Collège d'avocats (3.000 volumes), Union
Club, et Casino Espagnol.

On organise la Bibliothèque et les Archives Nationales,
et la Bibliothèque de l'Asile Correctionnel.

La première bibliothèque à Matanzas fut inaugurée le
8 février 1835, mais resta ouverte seulement quelques·
années : la deuxième le fut le 27 mars 1864, et la troisième,
qui est la seule en existence actuellement, le 1ᵉʳ janvier
1899. Elle possède maintenant 14.000 volumes.

Il y a aussi des bibliothèques publiques à Santiago de
Cuba avec 7.000 volumes, à Santa Clara avec 4.000 volumes,
à Sagua la Grande avec 3.000 volumes, à Güines avec
1.000 volumes, à Puerto Príncipe, et on en organise une à
Cárdenas et une autre à Colón.

Les théâtres sont assez nombreux dans l'île, et toutes les
villes de quelque importance en possèdent au moins un.
Les meilleurs théâtres de la Havane sont : Tacon, nommé
aujourd'hui « Théâtre de l'Étoile », « Payret », et « Martí ».
D'autres théâtres de premier ordre dans l'île sont le
« Théâtre Sauto », à Matanzas, le « Théâtre Marta Abreu »,
à Santa Clara, et le « Théâtre Terry », à Cienfuegos.

Nous citerons maintenant quelques-uns des fils de Cuba
qui se sont le plus distingués, en nous limitant à ceux qui
sont décédés.

Comme *philosophes* et *éducateurs*, il nous faut citer les
prêtres Félix Varela, auteur de divers ouvrages de philosophie, et José Agustín Caballero, le premier qui expliqua
à Cuba la physique expérimentale ; José de la Luz y
Caballero, traducteur du voyage en Égypte et en Syrie, de
Volney, et auteur de divers ouvrages de philosophie et
d'éducation, et José Zacarías González del Valle.

Comme *éducateurs* seulement : Juan Bautista Sagarra,

LE PRADO, A LA HAVANE

Eusebio Guiteras, Rafael Sixto Casado et Joaquín Andrés de Dueñas.

Naturalistes : Le renommé Felipe Poey, membre fondateur de la Société Entomologique de France, souvent cité comme autorité par Cuvier et Valenciennes, et auteur de l'*Ictiología Cubana*, œuvre médailllée à l'Exposition d'Amsterdam en 1883 ; Francisco Ximeno, et Sebastián Alfredo de Morales, auteur de la *Flora de Cuba*, œuvre médaillée à l'Exposition actuelle.

Médecins : Tomás Romay, introducteur de la vaccine à Cuba ; Nicolás José Gutiérrez, fondateur de l'Académie des Sciences de la Havane, Ramón Zambrana, Fernando González del Valle, Antonio Mestre et Joaquín García Lebredo. Parmi ceux que nous venons de nommer se trouvent des élèves des premières Universités, spécialement de la Faculté de Paris.

Chimistes : Manuel Vargas Machuca, Joaquín Fabián de Aenlle, et Alvaro Reynoso, ce dernier médaillé de l'Académie des Sciences de Paris en 1854, et plus tard par l'Institut Impérial de France.

Géographe : José María de la Torre.

Ingénieur : Francisco Albear y Lara, auteur d'un rapport sur les constructions hydrauliques de la place et forteresse de Calais et de l'aqueduc de la Havane.

Agronomes : Le comte de Pozos Dulces, Juan Poey, José de Frías et Antenor Lescano.

Statisticien : Francisco de Arango y Parreño.

Avocats : José Morales Lemus, José Antonio Cintra, Anacleto Bermúdez, Isidro Carbonell y Padilla, et Nicolás M. Escobedo.

Historiens : Pedro José Guiteras et José Antonio Saco, l'éminent publiciste, auteur de la monumentale *Histoire de l'Esclavage*.

Orateurs : Nicolás Manuel Escobedo, Tristán de Jesús Medina, Nicolás Azcárate, José Antonio Cortina, fondateur et directeur de la *Revista de Cuba*, journal médaillé à l'Exposition d'Amsterdam en 1883, Miguel Figueroa et José Martí.

Littérateurs : Anselmo Suárez y Romero, José María de Cárdenas y Rodríguez, Gaspar Betancourt Cisneros (*El*

Lugareño), José Ramón Betancourt, Federico Milanés, le comte de Pozos Dulces, José Silverio Jorrín, Calixto Bernal, la comtesse de Merlin, José Quintín Suzarte, Aurelio Mitjans et Manuel de la Cruz.

Poètes : Manuel de Zequeira y Arango et Manuel Justo Ruvalcaba, les précurseurs de la poésie lyrique à Cuba; le grand José María Heredia, auteur du chant immortel *Au Niagara;* Gertrúdis Gómez de Avellaneda qu'on a appelée *La Sapho Américaine;* Gabriel de la Concepción Valdés (*Plácido*), José Jacinto Milanés, Miguel Teurbe Tolón, Joaquín Lorenzo Luáces, Juan Clemente Zenea, Rafael Maria de Mendive et Julián del Casal.

Journalistes : José Quintín Suzarte et Adolfo Márquez Sterling.

Romanciers : Cirilo Villaverde et Ramón Piña.

Philologues : Tranquilino Sandalio de Noda, Julián Gassie et Claudio J. Vermay.

Bibliographes et américanistes : Antonio Bachiller y Morales et Néstor Poncè de León.

Musiciens : Nicolás Ruiz de Espadero, Fernando Arízti et Gaspar Villate.

Peintres : Esteban et Felipe Chartrand, Guillermo Collazo, José Arburo et Miguel Angel Melero.

A l'étranger, à toutes les époques, beaucoup de Cubains se sont fait remarquer par leur mérite intellectuel.

En France, Madame la comtesse de Merlin, comparée à Madame de Staël, et qui « après avoir chanté admirablement, s'est mise à bien écrire », a dit d'elle Madame Sophie Gay; Pedro Duquesne y Arango, officier de la marine française, tué en 1870 dans un des combats du Bourget; Joseph White, l'éminent violoniste, premier prix du Conservatoire de Paris; Paul Lafargue, ancien député socialiste; Severiano de Heredia, ancien ministre des Travaux publics et président du Conseil municipal de Paris; José-María de Heredia, de l'Académie Française; Enrique Piñeyro, littérateur et critique, auteur de divers ouvrages; Andrés Poey, météorologiste et auteur scientifique; Joaquín Albarrán, médecin de grande renommée; Cornelius Price et Augusto de Armas, poètes français, mais comme Heredia, cubains de naissance.

En Italie : Francisco Suñer, le distingué auteur dramatique et José Vilalta de Saavedra, sculpteur.

En Allemagne : José Manuel Jiménez, premier prix du Conservatoire de Paris et professeur au Conservatoire de Berlin.

Aux États-Unis : Juan Guiteras, médecin; Aniceto Menocal et Ignacio María de Varona, ingénieurs.

Au Mexique : Pedro Santacilia, poète; Carlos de Varona, financier; Antonio Figueroa, directeur du Conservatoire de musique; Rodolfo Menéndez, éducateur; et José Miguel Macías, directeur du lycée de Vera-Cruz.

Au Guatemala : José Joaquín Palma, directeur de la Bibliothèque nationale.

Au Nicaragua : José María Izaguirre, éducateur.

En Colombie : Francisco Javier Cisneros, ingénieur; et Rafael María Merchán, littérateur et critique.

Au Vénézuela : Ricardo Arteaga, orateur sacré et professeur.

Au Chili : José de Zayas, financier.

Au Pérou : José Payán, directeur de la Banque de Callao et Lima, et Manuel Márquez Sterling, diplomate et financier.

VIII

INDUSTRIE ET COMMERCE

INDUSTRIE

Les principales industries sont celles de la fabrication de sucre et de cigares et cigarettes que nous traitons dans le chapitre sur l'Agriculture, et lesquels, avec les alcools et les confitures, font l'objet d'un grand commerce d'exportation.

La mélasse et les résidus de l'élaboration du sucre se transforment en excellent alcool. Les distilleries principales sont à Matanzas, Cárdenas, Sagua et Cienfuegos.

La plupart des articles importants de consommation sont fabriqués dans le même pays, ce qui peut se voir par la Liste des Exposants qui figure dans ce volume.

COMMERCE

Les exportations s'élevèrent en 1894 à $ 109.192.416, répartis entre ces pays :

États-Unis.	$ 93.410.411
Espagne.	8.381.661
A reporter.	$ 101.792.072

Report . . . . $ 101.792.072

Colonies anglaises	2.890.190
Angleterre	1.649.126
France	1.001.902
Allemagne	638.243
Mexique	498.584
Puerto Rico	473.289

$ 109.192.416

Les importations s'élevèrent à $ 84.229.043, répartis ainsi :

États-Unis	$ 32.948.204
Espagne	30.620.210
Angleterre	5.552.391
Inde anglaise	5.337.085
Puerto Rico	2.090.806
France	1.970.715
Allemagne	1.900.646
Uruguay	1.174.343
Argentine	1.103.693
Hollande	695.332
Norvège	494.080
Canada	439.727
Belgique	400.433
Mexique	310.912

$ 84.229.043

Plusieurs exportations en 1894.

Bananes	1.400.000 grappes.
Cacao	2.450.261 kilos.
Cire blanche	2.800.000 kilos.
Coco	9.300.000 noix.
Alcool, etc.	16.000.000 litres.
Ananas	19.000.000 pièces.
Minéraux	287.000.000 kilos.

50

TABLEAU *de la valeur des importations à Cuba par classes du Tarif pendant l'année 1895-96.*

Classes	MARCHANDISES	Valeur des importations
I	Pierres, terres, minerais, etc. . .	$ 4.733.358 12
II	Métaux et métaux manufacturés.	2.063.281 95
III	Produits pharmaceutiques et chimiques.	2.166.414 92
IV	Coton et articles en coton . . .	5.908.202 23
V	Chanvre, lin, jute et autres fibres végétales et articles manufacturés avec ces matières. . . .	3.587.713 23
VI	Laines, crins, etc. et articles manufacturés avec ces matières.	1.060.192 13
VII	Soie et articles en soie.	315.010 »
VIII	Papier et ses applications . . .	1.257.132 94
IX	Bois, etc. et objets en bois. . .	2.054.057 57
X	Animaux et abats	3.880.209 64
XI	Instruments, machines, etc. . .	2.123.315 43
XII	Produits alimentaires	31.179.289 98
XIII	Produits divers	1.115.156 51
	Total	$61.443.334 65

TABLEAU COMPARATIF *des importations et exportations, par pays, pendant l'année 1896 comparée avec 1899.*

DE OU A	IMPORTATIONS A CUBA		EXPORTATIONS DE CUBA	
	1896	1899	1896	1899
Grande-Bretagne	$ 5.843.892	$ 6.896.126	$ 174.187	$ 2.694.101
France . . .	424.600	2.299.750	3.338.900	1.713.689
Etats-Unis .	9.632.974	25.537.510	42.314.383	40.764.636
Espagne . .	33.474.680	6.792.643	9.681.120	2.979.897
Mexique . .	26.700	2.425.278	363	52.533

RÉCAPITULATION *des valeurs des exportations et des réembarquements à Cuba pendant l'année 1895-96.*

EXPORTATIONS	1ᵉʳ Trimestre	2ᵉ Trimestre	3ᵉ Trimestre	4ᵉ Trimestre	TOTAL.
Marchandises :					
Bois	$ 286.190 70	$ 267.068 47	$ 200.878 03	$ 130.463 90	$ 848.601 10
Cigares.	6.616.458 97	4.374.938 70	6.389.770 95	6.666.672 71	24.047.841 33
Sucre.	26.288.456 91	30.457.278 50	10.679.269 55	7.572.016 36	74.997.021 32
Mélasses	427.886 11	1.010.657 35	152.205 65	8.846 30	1.599.595 41
Rhum et liqueurs . .	352.393 44	292.808 18	267.277 53	121.991 »	1.034.470 10
Autres articles. . .	1.332.714 86	2.538.509 69	2.738.024 01	1.112.242 44	7.721.491 »
TOTAL	35.304.100 99	38.941.260 89	20.427.425 72	15.612.232 71	110.285.020 31
Réembarquements :					
Marchandises étrangères.	15.462 65	8.477 91	17.567 05	27.524 08	69.031 69
— espagnoles.	61.343 08	27.477 62	28.718 17	29.276 53	146.815 40
TOTAL.	76.805 73	35.955 53	46.285 22	56.800 61	215.847 09
Exportations spéciales. .	207.477 55	166.881 15	2.092.960 13	153.326 30	2.620.645 13
TOTAUX GÉNÉRAUX.	35.588.384 27	39.144.097 57	22.566.671 07	15.822.359 62	113.121.512 53

COMMERCE DE CUBA
AVEC LA FRANCE EN 1893 (1).

Importations en France.

Café	4.608.118
Tabac fabriqué	2.619.116
Éponges brutes	2.374.680
Tabac en feuilles	360.562
Eaux-de-vie et liqueurs	327.090
Bois	294.388
Cacao	219.447
Bitumes	197.175
Écailles de tortue	179.856
Végétaux divers	149.772
Engrais	101.600
Peaux et pelleteries	63.011
Cire animale	56.848
Divers . . . . :	123.404
	11.675.077 fr.

Exportations de France.

Tissus	1.569.124
Orfèvrerie	564.118
Outils	532.158
Or et platine en feuilles	368.000
Peaux préparées	325.080
Médicaments	274.572
Bimbeloterie	268.572
Matériaux à bâtir	247.000
Papiers et livres	232.130
Vêtements	196.218
Vins	185.229
Meubles et instruments de musique .	176.600

(A suivre).

(1) *La République Cubaine*, Paris, 23 Janvier 1896

Machines	176.710
Poteries et cristaux	170.053
Parfumeries	123.186
Huile d'olives.	121.830
Eaux-de-vie et liqueurs	90.857
Divers.	1.062.365
	6.683.982 fr.

Le baron Portal (1) écrivait, en 1846, ce qui suit, sur le commerce entre Cuba et la France :

« Nos relations avec la Havane et les autres ports de l'île de Cuba, sont assez étendues et susceptibles de plus grand développement. Cette île est très peuplée, des propriétaires riches et nombreux vivent sur leurs habitations ou dans les villes de la colonie. La consommation y est plus considérable que partout ailleurs, surtout en objets de luxe et de fantaisie. Les habitudes et la fortune de ce peuple sont par conséquent très favorables aux intérêts de notre commerce. Nos chargements d'aller se composent des produits de notre agriculture et de notre industrie, mais plus de notre industrie que de notre agriculture. Les chargements de retour consistent en cafés, sucres, cuirs, cuivre, cochenille, etc. Les chargements d'aller étant en général très riches, suffisent au paiement des chargements de retour ».

Le tarif adopté par les États-Unis, quand les autorités américaines prirent charge des Douanes, réduisit tous les droits d'environ 60 o/o sur le vieux tarif espagnol ; et en moyenne réduisit des deux tiers les droits perçus par l'Espagne dans les ports de Cuba pendant les cinq derniers mois de son occupation.

Comme on peut le voir par le tableau suivant, ce sont les Douanes presqu'exclusivement, qui fournissent au Trésor cubain les ressources nécessaires pour subvenir aux besoins

(1) *Mémoires du baron Portal*, pair de France, ministre de la Marine, des Colonies et d'État sous les rois Louis XVIII et Charles X, Paris, 1846, page 368.

du pays ; et malgré la grande réduction des droits, les recettes actuelles sont maintenant plus que suffisantes.

RECETTES ET DÉPENSES DU TRÉSOR CUBAIN
PENDANT L'ANNÉE 1899

Recettes.

Douanes	$	15.012.100
Postes		250.025
Impôts		760.880
Divers		293.584
TOTAL	$	16.316.589

Dépenses.

Département des Finances	$	211.292
— d'Instruction publique		876.640
— d'Agriculture et des Travaux publics		255.421
— d'État et de l'Intérieur		640.957
Postes		612.290
Dépenses extraordinaires		448.075
Hygiènc (de juillet à décembre 31, 1899)		1.688.442
Garde rurale		506.152
Casernes		617.755
Service des Douanes		343.985
Travaux publics		268.036
Charité		262.092
Gouvernement civil		164.281
Municipalités		123.113
Recensement		211.401
Divers		191.777
TOTAL	$	7.421.719

Recettes	$	16.316.589
Dépenses		7.421.719
EXCÉDENT	$	8.894.870

Le total général du commerce des ports de Cuba pendant la dernière année normale fut de près de $ 175.000.000 (875.000.000 fr.). Peut-être en tenant compte de la contrebande et de la fraude, ce total serait arrivé jusqu'à $ 200.000.000, ou aurait excédé cette somme. Cependant, on peut dire que Cuba, sous un bon régime et dans des conditions normales, représente de $ 200.000.000 à $ 250.000,000 dans le commerce du monde.

Ces chiffres donnent une idée du grand développement que peut prendre le commerce du pays après sa complète reconstitution industrielle.

IX

AGRICULTURE

———

En 1894, un an avant la guerre d'indépendance, la valeur des principaux produits était la suivante :

Valeur du sucre exporté .	$ 65.000.000	(325.000.000 fr.)
— du tabac — .	25.000.000	(125.000.000 fr.)
— des mélasses et des rhums . . .	12.000.000	(60.000.000 fr.)
— du café.	1.510.000	(7.550.000 fr.)
— des fruits et des légumes	1.150.000	(5.750.000 fr.)

Au commencement de la présente année on peut seulement calculer la valeur de la récolte du sucre : le tabac est dans les magasins de sélection à la campagne, les mélasses sont en train d'être manufacturées, et le café récolté est encore dans les plantations.

La principale production de Cuba est le sucre. La terre et le climat le favorisent. Des 28.000.000 d'acres que Cuba mesure, 2.000.000 sont employés à la culture de la canne à sucre et donnent annuellement presque la moitié de la production du monde entier. L'on croit que la culture de la

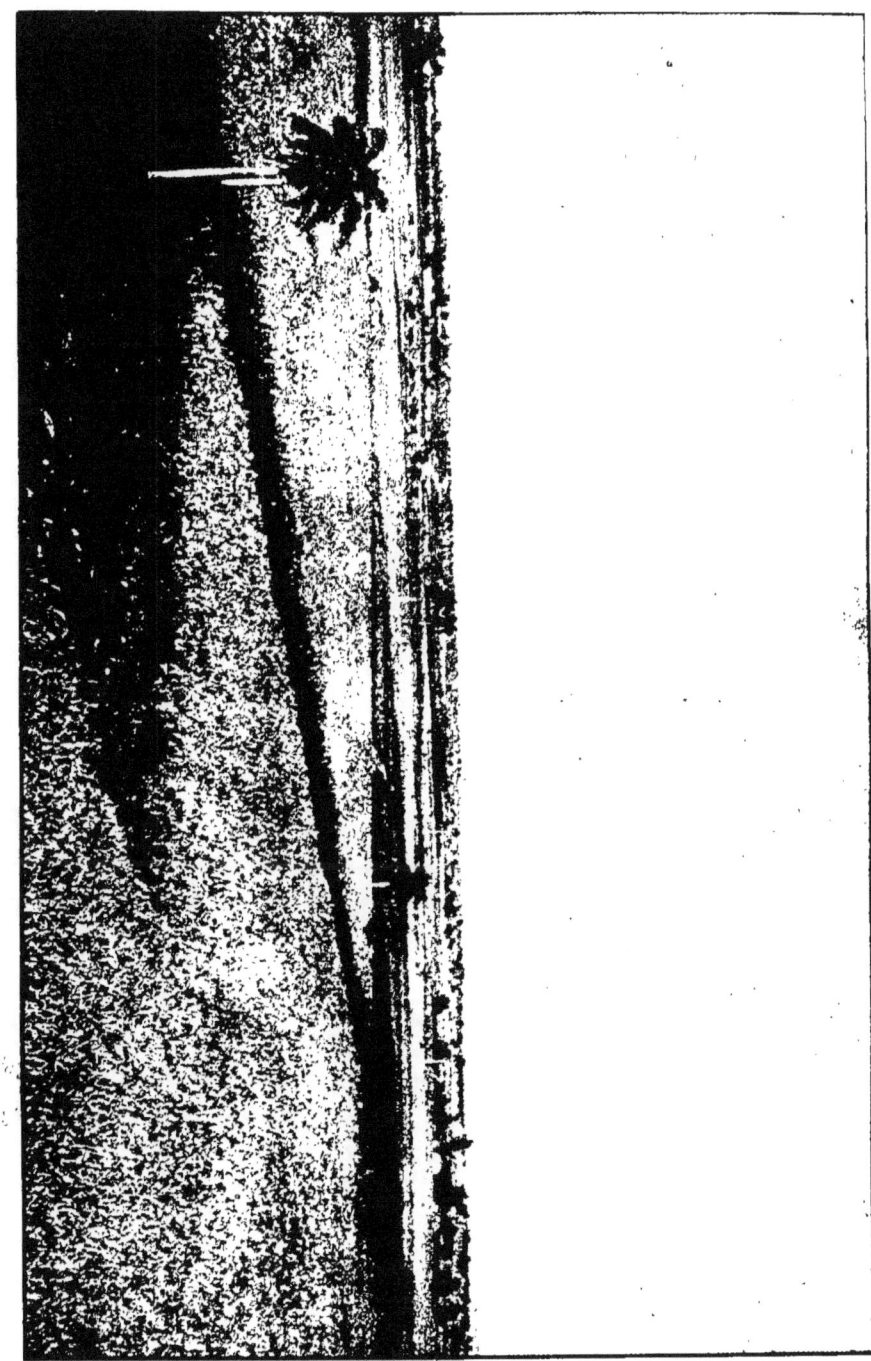

PLANTATION DE CANNE A SUCRE (CHAMPS DE CANNE)

canne a commencé en 1595; mais certains disent que ce
fut au commencement du XVIᵉ siècle que le roi Philippe Iᵉʳ
accorda un prêt de 24.000 pesetas à chaque personne qui
installerait une usine de sucre.

Le développement de cette industrie fut lent et tardif
jusqu'à la moitié du XIXᵉ siècle, époque à laquelle l'île produisit 250.000 tonnes. En 1894, un an avant la guerre
récente, ce chiffre s'est élevé à 1.054.214 tonnes, qui ont
rapporté au pays $ 80.000.000 (400.000.000 francs).

La statistique suivante démontre la force productive du
pays.

Années	Tonnes	Années	Tonnes
1853	322.000	1876	590.000
1854	374.000	1877	520.000
1855	392.000	1878	533.000
1856	348.000	1879	670.000
1857	355.000	1880	530.000
1858	385.000	1881	493.000
1859	536.000	1882	595.000
1860	447.000	1883	460.397
1861	466.000	1884	558.937
1862	525.000	1885	631.000
1863	507.000	1886	731.723
1864	575.000	1887	646.578
1865	620.000	1888	656.719
1866	612.000	1889	560.333
1867	597.000	1890	632.368
1868	749.000	1891	816.980
1869	726.000	1892	976.960
1870	726.000	1893	815.894
1871	547.000	1894	1.054.214
1872	690.000	1895	1.004.264
1873	775.000	1896	225.221
1874	681.000	1897	212.051
1875	718.000	1898	300.000

La production énorme de la betterave, les primes avec
lesquelles les gouvernements d'Europe l'ont favorisée, et
les difficultés causées par les contributions et les prix suré-

levés des transports auraient frappé mortellement l'industrie sucrière de l'île, sans les nouvelles méthodes scientifiques employées par les cultivateurs cubains. Malgré
l'abolition de l'esclavage, ils produisirent meilleur marché
et en plus grande quantité, au moyen des grandes usines
centrales qui ont été installées et grâce à l'exubérante fer-
tilité de notre sol, qui, dans certains endroits, produit des
cannes à sucre de 10 mètres de hauteur et de cinq pouces
de grosseur.

A Java et à Hawaï, seulement, l'on peut trouver des
méthodes aussi modernes que celles de Cuba. Avec des
magnifiques terrains encore inexploités, et en plus, la proximité des États-Unis pour la facilité de ses marchés, un
nouveau système de contributions équitables et des tarifs
douaniers qui ne taxent pas de droits excessifs l'importa-
tion des outils nécessaires à la fabrication, de nouvelles
facilités de transports à des prix plus réduits, et des traités
de réciprocité, Cuba peut encore lutter avec succès sur le
marché sucrier.

La récolte commence à Cuba vers le 1er décembre et dure
jusqu'au 15 mai. Les terrains produisent sans avoir besoin
de semer à nouveau pendant huit à vingt-cinq années.
Une *caballería* (151.000 mètres carrés) produit de 40 à
120.000 arrobes, ou 12 à 50 tonnes par acre. La canne à
sucre contient 13 pour 100 de matière saccharine au mois
de décembre et jusqu'à 18 pour 100 aux mois de mars et
d'avril. Plusieurs usines centrales peuvent fabriquer du
sucre centrifuge de 96 degrés que l'on vend à 2 1/2 centavos
la livre, dans la même plantation, et même à moins. Beaucoup de ces usines fabriquent 1.000 tonnes dans les vingt-
quatre heures et quelques-unes davantage. Il n'y a qu'en
France et en Belgique où il existe des usines sucrières centrales pouvant produire autant que celles de Cuba. Avec de
l'économie, des méthodes scientifiques et des appareils tout
modernes, il serait possible d'établir à Cuba dans les terrains vierges du littoral de grandes usines de sucre *(Centrales)* qui produiraient au moins 30.000 tonnes chacune et
Cuba deviendrait le pays de la plus grande production
sucrière, puisque cinquante usines *centrales* installées dans
les dix premières années donneraient une production de

2.000.000 de tonnes et les frais de chaque usine ne dépasse-
raient pas $ 800.000 (4.000.000 de francs).

La récolte de 1894, la plus considérable de Cuba, se
répartit ainsi :

	Tonnes
Exporté aux Etats-Unis.	956.524
— au Canada.	24.372
— en Espagne	23.295
— en Angleterre.	10.528
Cons^{tion} faite dans le pays pendant l'année.	39.495
TOTAL.	1.054.214

PRODUCTION DE SUCRE DANS LE MONDE ENTIER
Récolte 1898-1899.

		Tonnes
Etats-Unis	Canne.	270.000
	Betterave	33.960
Puerto Rico		70.000
Canada (betterave).		300
Cuba (récolte).		450.000
Antilles Anglaises	Trinidad (export^{on}).	50.000
	Barbades (—).	47.000
	Jamaïque	27.000
	Antigua et Saint Kitts . . .	22.000
Martinique (exportation).		32.000
Guadeloupe.		40.000
Sainte Croix		12.000
Haïti et Saint-Domingue.		48.000
Amérique Centrale	Guatemala (récolte).	9.000
	Salvador (—).	4.000
	Nicaragua (—).	1.500
	Costa Rica.	500
Amérique du Sud	Guyane anglaise (Demerara)(exp^{tion}).	98.000
	Guyane hollandaise (Surinam) (réc^{te}).	6.000
	Pérou (récolte)	75.000
	Argentine (récolte).	75.000
	Brésil (récolte)	165.000
A reporter.		1.536.260

Report		1.536.260
Petites Antilles non mentionnées.		8.000
Mexique (exportation).		2.000
	TOTAL en Amérique . . .	1.546.260

Asie	Indes anglaises (export^{on}).	50.000
	Siam (récolte).	7.000
	Java (exportation)	635.000

Japon : Consommation de 125.000 tonnes presque toutes importées.

Iles Philippines (exportation).	140.000
Cochinchine	31.000
TOTAL en Asie.	863.000

	Queensland	65.000
Australie et Polynésie	Nouvelle-Galles du Sud	30.000
	Iles Hawaï	240.000
	Iles Fiji (export^{on})	30.000
	TOTAL en Australie et Polynésie .	365.000

	Egypte (récolte).	105.000
Afrique	Ile Maurice et autres possessions anglaises.	150.000
	La Réunion et autres possessions françaises	45.000
	TOTAL en Afrique	300.000

Europe : Espagne.	8.000

Production totale du sucre de canne . . .	3.082.260
Production totale du sucre de betterave (d'après Licht)	4.790.000
Grande production totale de sucre de canne et de betterave	7.872.260
AUGMENTATION calculée dans la production du monde	141.661

USINE DE SUCRE " CONSTANCIA "

PRODUCTION DE SUCRE A CUBA. — RÉCOLTE 1899-1900

*Tableau de l'exportation et des existences au 30 juin 1900
comparées avec celles à la même date de 1899.*

		1899		1900	
		Sacs	Tonnes	Sacs	Tonnes
EXPORTATION	Havane. . .	110.016		96.362	
	Matanzas . .	324.955		258.688	
	Cárdenas . .	322.403		320.969	
	Cienfuegos. .	393.787		379.396	
	Sagua. . . .	155.184		153.279	
	Caibarién . .	99.656		148.262	
	Guantánamo.	102.701		172.900	
	Santiago. . .	4.704		7.262	
	Manzanillo. .	39.732		70.063	
	Nuevitas. . .	13.682		31.981	
	Gibara . . .	52.134		15.928	
	Zaza	»		»	
	Trinidad . .	27.848		35.600	
		1.646.802	227.906	1.690.690	233.979
EXISTENCES	Havane. . .	110.329		44.785	
	Matanzas . .	77.368		36.527	
	Cárdenas . .	139.855		135.912	
	Cienfuegos. .	24.896		53.270	
	Sagua. . . .	28.030		894	
	Caibarién . .	54.900		3.576	
	Guantánamo.	830		8.124	
	Santiago. . .	1.280		5.340	
	Manzanillo. .	207		»	
	Nuevitas. . .	510		356	
	Gibara . . .	2.300		2.975	
	Zaza	200		»	
	Trinidad . .	»		»	
		440.705	60.990	291.759	40.378
		288.896	»		274.357
	Cons^tion locale 6 mois. .	19.800	»		17.900
		308.696	»		292.257
	Existence du 1er janvier (fruits vieux).	4.336	»		8.606
	Reçus jusqu'au 30 juin 1900. .	304.360	»		283.651

NOTA. — Sacs de 310 livres; Tonnes de 2.240 livres.

TABLEAU COMPARATIF *des exportations de sucre de l'île de Cuba à certains pays étrangers, en tonnes de 2.240 livres.*

PAYS	1893 Tonnes	1894 Tonnes	1895 Tonnes	1896 Tonnes	1897 Tonnes	1899 Tonnes
Etats-Unis. .	680.642	956.524	769.962	251.522	209.433	229.271
Espagne . .	9.448	23.295	28.428	14.642	1.466	37
Angleterre .	3.045	10.526	5.674	»	»	»

En 1895, le nombre d'usines de sucre à Cuba, était de 1.153 :

Province de Puerto Príncipe	3
— Pinar del Río	76
— Santiago de Cuba . . .	115
— La Havane	139
— Santa Clara	347
— Matanzas	473
	1.153

Les compagnons de Colomb, dans son premier voyage, en 1492, découvrirent à Cuba une plante qui fut connue plus tard sous le nom de *tabac*. Ils trouvèrent les indigènes (Siboneyes) avec des tisons allumés dans leurs mains et lançant de la fumée par le nez et par la bouche. Les marins de Colomb les imitèrent mais sans adopter immédiatement l'habitude. Le tison, c'est-à-dire l'herbe ou feuille fumée par les Indiens de Cuba, eut des noms divers, mais *tabago*, *tobago* ou *tabaco* (le nom de l'instrument ou pipe au moyen duquel les Siboneyes fumaient) fut le plus généralisé.

Le tabac ne fut connu en Espagne qu'en 1560, et dans le reste de l'Europe, en 1586 ; depuis, son usage fut très étendu et à la moitié du XVIIme siècle l'on fumait dans tous les pays civilisés.

Il faut faire remarquer que, bien que la culture du tabac

PLANTATION DE TABAC (VEGA)

se soit étendue dans tous les pays et sous tous les climats,
Cuba, où la riche feuille fut découverte il y a plus de
400 ans, est toujours le premier pays pour la qualité de son
tabac et il n'a pas à redouter qu'un rival puisse le surpasser
ou même l'égaler.

La culture du tabac commença à Cuba en 1580 dans les
environs de la Havane. 300 ans plus tard il en existait dans
l'île 10.000 plantations. Ce n'est qu'au commencement de
ce siècle que le tabac de la Vuelta Abajo acquit sa renommée universelle; mais une fois arrivé au sommet de la
gloire, il n'a plus perdu son rang d'honneur et sa considération de premier tabac du monde. Cela est indubita-
blement dû à la nature du sol et à des conditions clima-
tologiques. L'arôme spécial du tabac de la Vuelta Abajo
provient de la qualité exceptionnelle des terres, des airs
et des eaux de cette région : la nature a donc placé Cuba
au-dessus de toute concurrence.

Exportations de tabac de Cuba en 1895.

PAYS	Cigares — Milliers	Cigarettes — Paquets	Tabac en feuilles — Balles	Tabac haché — Kilos
Etats-Unis d'Amér.	60.919	6.595.803	212.178	117.725
Grande-Bretagne. .	40.372	5.000	594	»
Allemagne.	22.360	56.260	46.986	260
Espagne et Portugal.	15.438	16.147.721	32.435	78.147
France	12.451	639.378	2.191	28.237
Mexique, Amérique du Centre et du Sud. . .	3.248	6.479.058	1.698	516.432
Autres pays	1.725	18.240.626	2.651	1.020
TOTAL. . . .	156.513	48.163.846	298.733	741.821

On peut affirmer que, dans ce total, il manque un tiers
qui représente la partie du tabac exporté en contrebande
pour éviter le versement des droits d'exportation.

Le tabac est, avec le sucre, une source puissante de richesse qui représente la partie la plus importante de l'exportation de Cuba. La culture du tabac et le développement de cette industrie croissent tous les jours de plus en plus, et le commerce que l'on fait avec la matière première et le produit fabriqué est colossal. Le tabac, qui est aujourd'hui la deuxième branche de la richesse agricole de Cuba, pourrait quelque jour en devenir la première si des éléments propices de gouvernement le favorisaient pour le développer davantage.

Bien que le tabac se cultive à présent en grande quantité dans les pays suivants : Mexique, États-Unis, Brésil, Argentine, Saint-Domingue, Puerto Rico, France, Autriche, Russie, Allemagne, Grèce, Belgique, Canaries, Algérie, Turquie, Égypte, Java, Sumatra, Philippines, etc., il est incontestable que les produits de tous ces pays ne peuvent entrer en concurrence, comme qualité, avec celui de Cuba.

Pinar del Río (ou la Vuelta Abajo) et la Havane sont les deux provinces de Cuba où se cultive le meilleur tabac et où il existe les plus grandes plantations (vegas); mais celui de Pinar del Río est le plus réputé. A Remedios, dans la province de Santa Clara, et dans celle de Santiago de Cuba, à Gibara, Jiguaní, Baire, Sagua de Tánamo et dans quelques autres lieux, l'on cultive du tabac de très bonne qualité destiné presque entièrement à l'exportation en feuilles.

L'on peut calculer la production générale en prenant pour base une année quelconque de la décade de 1880 à 1890, en 500.000 balles ou *tercios* (1), c'est-à-dire 500.000 quintaux approximativement.

De cette production de matière première, les quatre cinquièmes appartiennent aux provinces de Pinar del Río et de la Havane : on en emploie la moitié dans la fabrication de cigares, cigarettes et tabac haché, et le reste, on l'exporte en feuilles aux États-Unis, en Allemagne, en Espagne et en Autriche-Hongrie.

---

(1) Le poids de chaque balle est en moyenne de 50 kilos.

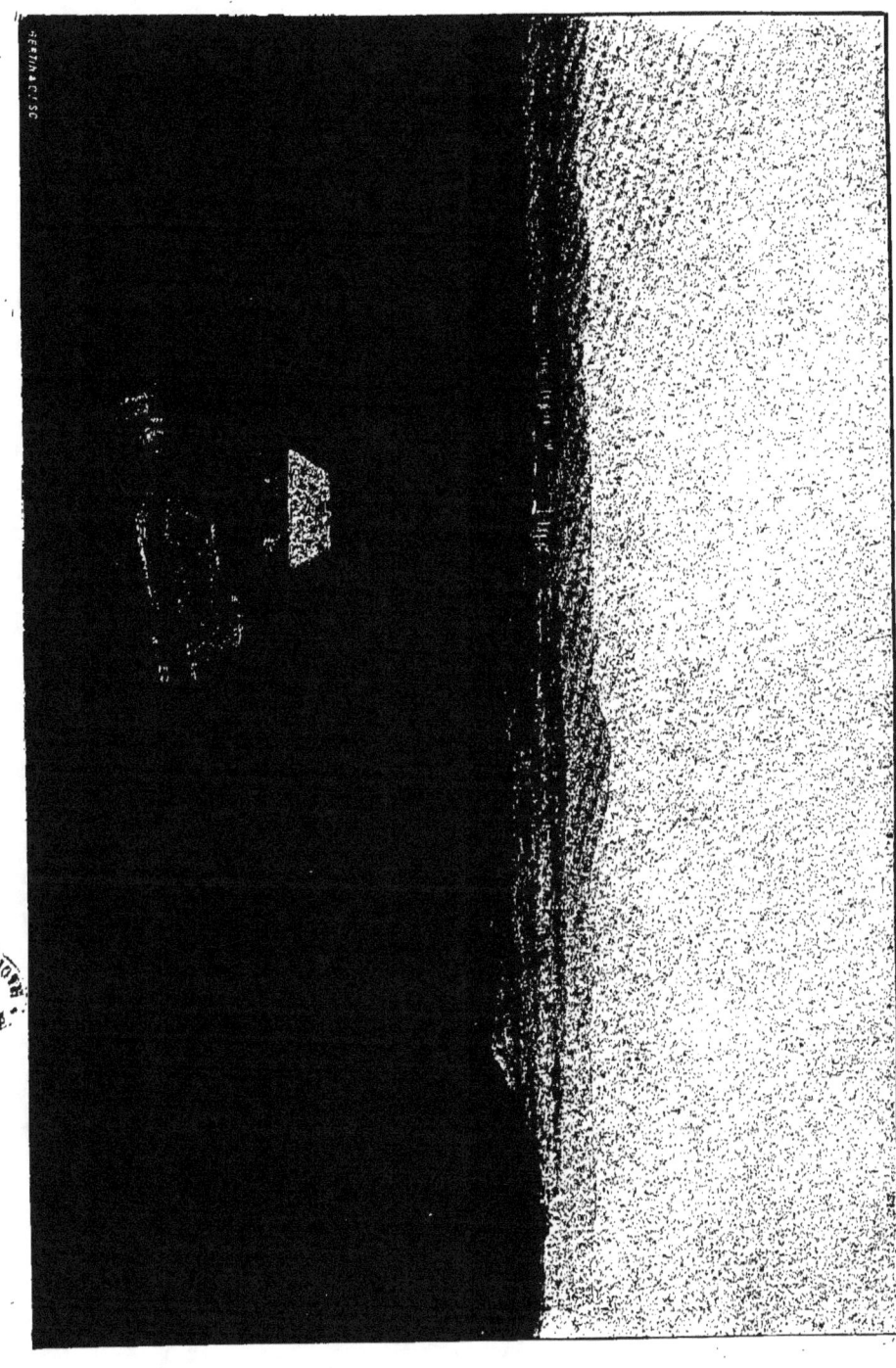

VALLÉE DE MANICARAGUA (CHAMPS DE TABAC)

Exportation de tabac par le port de la Havane en 1899.

MOIS	TABAC EN FEUILLES				CIGARES			
	États-Unis		Autres pays		États-Unis		Autres pays	
	Livres	Valeur	Livres	Valeur	Quantité	Valeur	Quantité	Valeur
Janvier . .	1.491.906	$ 906.333	66.428	$ 40.355	12.983.881	$ 610.242	1.849.110	$ 86.908
Février . .	1.459.133	674.434	55.645	47.306	14.847.245	593.889	2.738.325	149.751
Mars. . .	1.944.060	861.400	63.701	58.780	16.866.319	843.316	3.235.582	161.781
Avril. . .	1.083.273	494.743	60.382	59.306	18.935.020	914.375	3.660.140	189.957
Mai . . .	764.523	419.218	58.550	71.535	13.673.950	673.341	2.896.446	196.008
Juin . . .	827.773	615.042	10.735	4.908	14.842.827	717.868	3.006.666	174.216
Juillet . .	578.567	359.813	30.405	17.990	12.916.888	600.691	1.912.419	111.844
Août. . .	658.844	439.289	156.499	71.139	15.376.101	802.268	2.307.650	130.197
Septembre .	993.111	630.244	90.934	36.950	20.615.506	1.159.857	2.141.128	116.079
Octobre. .	924.280	699.983	407.772	162.326	3.323.715	223.609	13.971.064	694.114
Novembre .	931.735	673.278	372.953	173.653	4.781.863	309.293	15.857.111	889.540
Décembre .	1.611.151	1.057.582	315.008	153.508	4.098.508	264.071	19.449.105	1.056.468
Total. .	13.268.356	7.750.359	1.689.012	897.756	153.261.823	7.712.820	73.024.746	3.956.863
			13.268.356	7.750.359			153.261.823	7.712.820
Grand total.	»	»	14.957.368	8.648.115	»	»	226.286.569	11.669.683

Exportation de tabac par le port de la Havane en 1899 (suite).

MOIS	CIGARETTES				TABAC HACHÉ			
	États-Unis		Autres pays		États-Unis		Autres pays	
	Paquets	Valeur	Paquets	Valeur	Livres	Valeur	Livres	Valeur
Janvier . . .	355.690	$ 5.691	181.112	$ 2.896	27.615	$ 14.896	9.064	$ 4.908
Février . . .	751.961	24.178	224.033	9.541	36.146	17.895	26.182	11.791
Mars. . . .	179.447	5.383	423.172	12.693	11.140	5.010	25.546	11.498
Avril. . . .	279.213	15.243	627.526	21.070	6.695	2.996	56.944	19.079
Mai	299.610	7.552	856.501	29.634	711	567	33.956	15.871
Juin	262.598	8.371	830.507	27.398	19.733	3.164	23.157	4.767
Juillet. . . .	445.370	7.234	385.195	5.840	651	340	28.046	8.576
Août	429.928	3.133	900.266	26.032	19.257	4.172	34.428	15.461
Septembre .	318.392	8.765	1.853.502	38.532	591	253	9.024	6.145
Octobre. . .	13.050	604	512.035	15.230	473	208	20.077	7.039
Novembre. .	6.750	87	538.909	17.851	711	372	7.322	3.337
Décembre. .	38.350	787	816.551	28.437	762	312	9.853	5.145
Total. .	3.380.359	$ 87.028	8.149.309	$ 235.154	124.485	$ 50.185	283.599	$ 113.617
	»	»	3.380.359	87.028	»	»	124.485	50.815
Grand total.	»	«	11.529.668	$ 322.182	»	»	408.084	$ 164.432

99

Il y a lieu de remarquer que le monopole du tabac en France, en Italie, en Autriche-Hongrie, en Portugal, dans l'Empire Ottoman et en Espagne, rapporte à chacune de ces nations un revenu sûr et très important, comme le montre la statistique de 1895.

En France, la consommation a été de 380.852.763 francs ; en Italie : 185.030.446 lire ; en Autriche : 89.965.232 florins ; en Hongrie : 47.809.100 florins ; en Portugal : 7.857.429 milreis ; dans l'Empire Ottoman : 223.227.613 piastres et en Espagne : 160.009.432 pesetas.

La production de Cuba, c'est-à-dire, les 500.000 quintaux, se distribuent ainsi :

On emploie 125.000 quintaux de tabac de la Vuelta Abajo et de partido (1) dans les 86 fabriques de cigares de la Havane, Santiago de las Vegas et Bejucal, produisant de 280 à 300.000.000 de cigares qui sont destinés à l'exportation. 125.000 quintaux de tabac sont employés pour la fabrication de cigarettes et de tabac haché, destinés aussi à l'exportation. 25.000 quintaux sont consommés dans le pays et 200 à 250.000 quintaux sont expédiés en feuilles à l'étranger.

La valeur totale de la récolte peut se calculer, en prenant pour base une récolte de 500.000 balles, en la supputant de cette façon :

125.000 balles destinées à la fabrication de
cigares, à $ 40 la balle. . . . . $ 5.000.000
125.000 balles pour cigarettes et tabac
haché, à $ 20 la balle 2.500.000
25.000 balles pour la consommation du
pays à $ 25 la balle. 625.000
225.000 balles de tabac en feuilles pour
l'exportation, à $ 40 la balle 9.000.000

TOTAL de la valeur du tabac en feuilles. $ 17.125.000

Fabrication, étiquetage, emballage, etc., de
300.000.000 de cigares . . . . $ 7.000.000

A *reporter*. . . . . . . $ 7.000.000

(1) On appelle tabac « de partido », le tabac des provinces autres que celles de la Havane et de Pinar del Rio.

Report . . . . $ 7.000.000

Fabrication, étiquetage et emballage, etc.,
de 4.704.000.000 de cigarettes et de
1.000.000 kilos de tabac haché. 8.900.000

TOTAL . . . . $ 15.900.000

Résumé:

Valeur nette de la production agricole. . . $ 17.125.000
Valeur netté de la production industrielle . 15.900.000

TOTAL GÉNÉRAL. . . $ 33.025.000

Calculant le peso ou dollar ($) à 5 francs approximati-
vement, la valeur totale monte à 165.125.000 francs.

De ces $ 33.000.000, 5.000.000 environ appartiennent au
commerce intérieur, et le reste vient de l'étranger, en
paiement du tabac exporté.

On compte à Cuba environ 80.000 personnes employées
à la culture du tabac. Les ouvriers des fabriques de cigares
à la Havane gagnent, en moyenne, de quinze à vingt francs
par jour, et on peut calculer que, dans cette capitale seulement, la dépense pour le paiement des ouvriers s'élève
à 375.000 francs par jour.

En 1889, l'on a exporté 250.467.000 cigares, mais après
cette époque, ce chiffre est descendu, d'abord à cause des
droits très élevés de diverses douanes étrangères et ensuite
par la guerre d'indépendance. En 1896, l'exportation des
cigares fut de 185.914.000, et en 1897, de 123.417.000. Par
contre, l'exportation du tabac en feuilles a augmenté de
50 pour 100 : la Havane qui, en 1889, avait exporté 177.000
balles, en exporta 250.000 en 1895.

La dernière récolte, faite au commencement de l'année,
a été la meilleure en qualité et en quantité qu'ait jamais
eue Cuba.

L'île de Cuba, par la composition variée de son sol et ses
diverses températures, se trouve dans des conditions favo-

PLANTATION D'ORANGES

rables à la production de nombreuses sortes de fruits et de légumes. Aussitôt qu'ils auront des moyens de transport plus faciles, la plupart des fruits tropicaux de Cuba trouveront un écoulement facile dans les pays tempérés. Les bananes, les oranges, les cocos et les ananas verront augmenter considérablement leur production, et les légumes de printemps comme les oignons et les pommes de terre l'emporteront sur les produits similaires des marchés de l'Amérique du Nord. La liste suivante donne une idée de quelques-uns des produits et des fruits de l'île :

L'*Aguacate* ou *Avocat,* sorte de beurre végétal qui se mange seul ou assaisonné ; l'*Anón (Annona squamosa)* doux et de pulpe très semblable à celle de la *Guanábana* ou *Cocossol (Annona muricata)* qui donne un fruit avec lequel on fait des rafraîchissements délicieux ; le *Mamón (Annona glabra),* la *Chirimoya (Annona reticulata),* la *Jagua,* l'*Uva caleta,* la *Goyave* qui y abonde et sert à faire de délicieuses pâtes et confitures, et la *Canne à sucre,* exquise comme fruit.

La *Banane,* que l'on trouve partout et dont il existe plusieurs espèces, emploie un nombre considérable d'agriculteurs et s'exporte par millions de pesos chaque année des plantations de la province de Santiago de Cuba. On la mange le plus souvent crue et mûre ; mais elle se mange aussi verte, rôtie, bouillie et frite. On la mange aussi mûre et frite, on en fait des confitures, des beignets, des pâtes sucrées ; on la sèche au soleil et elle est ainsi supérieure à la figue de Smyrne.

Les plantations de bananes produisent plus de matières alimentaires qu'aucune autre plante cultivée.

Oriol Ronquillo dit qu'une plantation de bananes produit, en poids, quarante-trois fois plus que les pommes de terre, et Solacroux dit qu'une plantation de bananes produit cent vingt fois plus de substance nutritive que si l'on y semait du blé. Selon la statistique de Cuba, la production de bananes égale celle de tous les tubercules réunis.

La Sagra reproduit ce calcul qui a été fait par quelques cultivateurs de Cuba : six cents souches de bananes peuvent nourrir constamment dix individus ; et une *caballería* de terre (treize hectares approximativement) produit vingt mille grappes de bananes qui suffisent à nourrir cent soixante individus pendant un an. La banane est sûrement la vraie manne des tropiques.

Les bananes de Cuba s'exportent en grandes quantités aux Etats-Unis.

Le céleri, la betterave, le chou, le haricot, la canelle, le concombre, la datte, la figue, le citron, l'indigo, la vanille, le copal, la cacahuette, le radis, le sagou, la citrouille, l'épinard, la laitue, le cresson, seraient également d'un grand avenir, mais en ce moment ils produisent à peine pour la consommation locale. L'asperge y pousse abondamment, mais par défaut de culture est assez petite.

Le *Cacao* s'y trouve dans d'excellentes conditions, surtout dans la partie orientale de l'île ; il est consommé en grande partie par les fabriques de chocolat du pays et commence à s'exporter en quantité respectable.

La noix de *Coco*, qui s'exporte principalement des ports du Nord de la province de Santiago de Cuba ; à Baracoa, s'emploie en grande quantité pour la fabrication de l'huile et on calcule que chaque arbre équivaut à 1 peso de rente annuelle.

Le *Café*, vers le milieu de ce siècle, lors de la grande émigration des Français de Saint-Domingue, eut un grand essor et pendant longtemps la récolte du café fut considérable et très avantageuse. La concurrence d'autres pays et l'industrie du sucre sont cause que le café cubain, trop chargé de contributions intérieures sous le régime espagnol, ne suffit pas pour les besoins mêmes de l'île quoiqu'il ait conservé sa réputation universelle.

En 1849, la production de café fut de 9.654.000 kilogrammes ; en 1858, elle n'était que de 1.993.113, et en 1894, elle fut de 8.000.000 de kilogrammes. Pendant la guerre, (1895-1898) les plantations furent abandonnées et on ne récoltait qu'une très petite quantité pour la consommation de l'armée cubaine en Orient. Il y a lieu de croire que la production deviendra bientôt considérable.

La culture du *Caoutchouc* n'a été tentée qu'une fois à Cuba, et, quoique réussissant très bien, elle fut abandonnée à la suite des difficultés qu'elle rencontra. Il est question maintenant d'en faire de grandes plantations.

PLANTATION DE BANANES, AVEC CHEMIN DE FER, A BANES

Le *Coton* s'y trouve de très bonne qualité, mais de même que le raisin il n'est pas cultivé.

L'*Henequen* devient très grand et d'excellente qualité : sa fibre est plus soyeuse que celle de la plante mexicaine ; la plante vit douze années à Cuba et produit vingt-huit feuilles par an ; chaque feuille a de cinq à neuf pieds de longueur pesant de quatre à sept livres. Il y a d'autres plantes textiles comme la *Lengua de Vaca (Sansiveria)* ; la *Guana* ou *Daguilla (Lagetta lintearia)*, appelée *Cuba* en France où elle est très estimée ; le *Maguey* et l'*Ananas* qui sont susceptibles d'une culture intense.

Le *Maïs* peut donner à Cuba deux récoltes annuelles ; et quoique son grain soit plus petit que celui des variétés nord-américaines, il est plus nourrissant.

Le *Maméi rouge (Lucuma Bomplandis)* et le *Maméi jaune* ou *de Saint-Domingue (Mammea americana)*, le *Mamoncillo* ou *Anoncillo (Mellicocca bijuga)*, la *Mangue (Mangifera indica)*, le *Marañón* ou *Anacarde (Anacardium occidentalis)*, le *Caïmite*, la *Ciruela* ou *Prune (Spondias purpurea)*, l'*Orange* qui comme l'*Ananas (Bromelia Ananas)* y est de qualité supérieure, le *Tamarin (Tamarindus indica)*, le *Sapote (Sapota mammona)*, l'*Icaque*, le *Caimitillo*, la *Pommerose*, le *Melon*, la *Sandía*, la *Grenade*, la *Toronja*, la *Lima*, le *Canistel* et le *Sapotille* ne peuvent pas être meilleurs.

La pomme de terre *(Papa)* y est aussi bonne que la meilleure de l'étranger ; l'*Oignon* qu'on exporte en grande quantité aux États-Unis où il a conquis la place de celui des Bermudes ; la *Malanga*, d'un goût très agréable, et le *Riz*, quoique le grain soit plus petit que celui de la Caroline, y est de qualité supérieure.

Le *Yuca* ou *Manioc* atteint jusqu'à trois pieds de longueur ; il y a deux variétés, le doux et l'amer ; ce dernier est imprégné d'acide hydrocyanhidrique qui s'extrait en râpant la racine et la pressant avec des presses à main ou par la chaleur. Avec le manioc on fait un excellent amidon, le tapioca et puis le *Casabe*, sorte de tarte dont nous avons hérité des Siboneyes.

Le *Boniato* ou *Batate (Bunio, Bunion* ou *Buniun)* a une production sans limite à Cuba ; il pousse où l'on veut, se reproduit en masse, et comme le *Ñame* ou *Igname*, qui appartient à la même famille et a tout à fait le goût du meilleur pain, se consomme en grande quantité par les habitants : une batate a été trouvé dans un jardin de Puerto Príncipe atteignant le poids de dix kilos.

L'élevage de troupeaux fut autrefois très important, bien qu'il n'ait jamais atteint le développement qu'il peut obtenir, favorisé surtout par les conditions exceptionnelles du pays, où les animaux n'ont pas besoin de protection contre les éléments et ont pendant toute l'année un herbage vert.

Les porcs trouvent dans la graine du palmier un aliment supérieur et peuvent se propager avec grand profit. On trouve peu de moutons dans l'île, mais les mulets sont excellents et très utiles dans le pays. Les chevaux, comme les bœufs de Cuba, quoique plus petits que ceux du Nord, supportent mieux le climat et rendent de grands services.

Le manque de communication et les guerres qui troublèrent Cuba n'ont pas peu contribué à amoindrir cette industrie. Le recensement de 1891 a donné les chiffres suivants :

PROVINCES	Chevaux	Mulets	Bœufs	Porcs	Moutons
Pinar del Río. .	83.069	7.807	312.875	111.429	9.508
Havana	91.172	9.414	336.141	106.716	19.250
Matanzas. . .	89.504	7.800	289.786	34.124	17.611
Santa Clara. .	121.354	6.989	739.695	132.619	16.670
Puerto Príncipe. .	42.213	1.437	362.250	109.880	2.012
Santiago de Cuba .	104.104	9.862	445.021	75.426	13.433
TOTAL . .	531.416	43.309	2.485.768	570.194	78.484

HARAS DANS LE CAMAGÜEY

L'élevage de coqs de combat y est aussi scientifique qu'en Angleterre.

Tous les oiseaux de basse-cour se trouvent à Cuba et on y importe les meilleures races pour les améliorer.

L'élevage des abeilles y est très prospère et l'on exporte une grande quantité de cire et de miel d'un arome délicieux qu'il tient principalement de la fleur appelée *Campanilla* (clochette).

Parmi les insectes qui existent à Cuba, il y a lieu de signaler les *Cocuyos* (*Cucujus* ou *Cucuge*, luciole d'Amérique, coléoptère), insectes ailés qui répandent une lueur magnifique la nuit, et donnent aux arbres une beauté et un enchantement indescriptibles en les illuminant de leur phosphorescence.

X

FORÊTS, CHASSE ET PÊCHE

FORÊTS

Il y a près de 18 millions d'acres de forêts à Cuba, et leur variété a appelé l'attention des botanistes dès l'époque du grand Humboldt qui disait que Cuba, avec une végétation identique à celle des régions de l'équateur, avait en même temps la végétation de contrées plus froides, comme celle des montagnes du sud du Mexique ; ainsi les sapins, qui sont hauts de 60 à 70 pieds, y poussent à côté de l'acajou dans les plaines de l'île de Pinos.

Le nombre et la variété des arbres y sont très grands : rien que pour les palmiers, l'on en compte 35 espèces, chacune d'elles ayant des propriétés différentes. La plus renommée, c'est la *Palma Real* (Palmier Royal), arbre très beau et très utile à la fois ; il atteint 60 à 80 pieds : de sa tige, sa feuille *(penca)* et son pétiole *(yagua)*, les campagnards construisent des chaumières *(bohíos* et *ranchos)* ; de son fruit *(palmiche)* se nourrissent certains animaux destinés à l'engraissement, et spécialement les porcs ; son bourgeon *(palmito)* se mange comme salade et en confiture ; son bois s'emploie à divers usages ; ses fleurs sont très recherchées des abeilles ; de ses grappes sèches l'on fait des balais très solides pour la campagne ; enfin, sa racine est médicinale : une vie si utile peut se prolonger jusqu'à 200 ans. Le *Miraguano*, qui produit une laine très fraîche que l'on emploie pour faire des oreillers ; le *Corojo (Cocos crispa)*, qui produit une noix, une graisse et un fil très estimé ; et le *Coco (Cocos nucifera)*, qui donne un fruit très bon pour manger, au naturel ou en confiture, dont on fait l'exportation sur une grande échelle et dont l'huile a des qualités supérieures, particulièrement pour graisser toutes sortes de machines. Le *Yarey*, autre espèce de palmier, sert à fabriquer, avec ses feuilles, des chapeaux, des corbeilles, des paniers, qui s'exportent en Europe. Puis, d'autres sortes de palmiers très utiles, comme la *Cana* et le *Guano* de côte. Ce sont les principales espèces de palmiers de Cuba.

La *Seiba (Bombax Ceiba, L.)* est le géant des forêts de Cuba. On en trouve de 150 pieds d'élévation et d'une largeur telle qu'il faudrait huit hommes pour les entourer à leur base avec les bras étendus. Sa gomme sert à donner de la solidité et de l'imperméabilité aux chapeaux ; son écorce et ses fleurs sont médicinales ; ses épis contiennent une laine très souple qu'on emploie pour faire des matelas et des oreillers. Oriol Ronquillo dit que « le *Bombax Ceiba* est un des plus hauts et plus corpulents des arbres des Antilles : de son tronc on peut construire des canots d'une seule pièce de 60 pieds et plus de longueur, et de 12 pieds de largeur, qui peuvent bien contenir 200 hommes ».

Le *Majagua (Hibiscus tiliaceus)* est un arbre qui croît à une hauteur de 40 pieds et non seulement fournit un bois très estimé, mais encore son écorce fibreuse sert à fabriquer d'excellentes cordes qui peuvent rivaliser avec celles de l'*Henequen* ; le *Granadillo (Brya ebenus)* est un petit arbre dont le bois est d'une belle couleur et s'emploie dans l'ébénisterie ; le *Baría (cordia gerascanthoides)* produit un bois de grande dureté, remarquable par sa résistance aux morsures du temps ; la *Guásima (Guazuma tomentosa)* ; le *Tamarin (Tamarindus indica)*, arbre fruitier ; l'*Ébène*, que l'on rencontre par toute l'île, atteint environ 18 pieds de hauteur et un diamètre d'un pied ; le *Guayacán* ou *Lignum-Vitae (Guajatum officinale)* est un des meilleurs arbres, d'un bois très dur : il se vend de 25 à

40 pesos la tonne et les qualités supérieures se sont vendues jusqu'à 45 et 50 pesos (250 fr.) ; et le *Laurier (Anona bullota)*.

Parmi les arbres de Cuba les plus connus se trouve le *Cèdre (Cedrela odorata)*, qui s'exporte en grande quantité ; un autre arbre qui lui ressemble beaucoup est la *Sabina cimarrona*, dont la solidité et la facilité à le travailler lui donnent plus de valeur. La *Jocuma (Syderoxylon mastichodrendon)*, la *Quiebra-Hacha (Copaifera hymenofolia)* et l'*Acajou (Switenia Mahagoni)* sont des plus connus : les variétés les plus communes de ce dernier se vendent de 110 à 180 pesos les mille pieds ; d'autres variétés plus fines se vendent de 600 à 800 pesos (4.000 fr.), et on en a vendu jusqu'à 1.800 pesos.

Nous ne ferons que nommer encore ces arbres : l'*Acana (Bassia albescens)*, qui sert pour la construction des ponts, résiste bien à l'humidité ; le *chêne blanc* et le *chêne jaune*, servent à la fabrication des voitures et des barques ; le *Jiquí (Malphigia obovata)*, d'une dureté extrême, résiste dans la terre un très grand nombre d'années ; le *Dagame (Calicophyllum candidissum)*, aussi très dur ; le *Caïmitillo*, élastique et fort, sert pour les flèches de voitures et pour les barils ; la *Yaya (Guateria virgata)*, le *Maboa (Cameraria latifolia)* et le *Cuero* sont de magnifiques bois de constructions ; la *Cuia* résiste bien à l'humidité ; le *Manzanillo*, très utile, mais dont le fruit est vénéneux ; le *Jagüey*, qui naît comme un parasite et tue l'arbre sur lequel il a poussé, donne un bois employé pour la fabrication de petits articles et de cannes ; le *Caiguarán*, plus durable dans la terre que le fer, et un grand nombre d'autres bois feront pour l'avenir une grande source d'exportation.

Cette exportation n'a jamais été inférieure à 1/4 de million de pesos (1.250.000 fr.) ; mais aussitôt que les moyens de transports seront établis ainsi que le chemin de fer central ouvrant au monde les immenses forêts sur son passage, ce seront des millions de pesos que produira la riche nature cubaine, mine jusqu'à présent non exploitée.

Il y a dans l'île 496.540 hectares de forêts de l'État (1.226.920 acres), la plus grande partie dans les provinces

CHEMIN DANS LA VUELTA ABAJO

de Santiago de Cuba et de Santa Clara. L'aire de ces forêts dans chaque province est répartie ainsi :

Provinces	Hectares
Santiago de Cuba	210.200
Santa Clara	124.660
Pinar del Río	60.000
Matanzas	46.000
Puerto Príncipe	35.680
Havane	20.000
TOTAL	496.540

Il existe aussi beaucoup de forêts qui appartiennent à des particuliers.

Espèces principales d'arbres employés dans les constructions.

Noms communs.	Noms techniques.	
1. Ácana	Bassia albescens	Gris.
2. Almendro (amandier)	Laplacea Curtyana	Rich.
3. Arabo	Erytroxylium obovatum	Macf.
4. Agua amarilla	Zanthoxylum bombacifolium	Rich.
5. Baría	Cordia gerascanthoides	Kunth.
6. Carne de doncella	Byrsonima lucida	Kunth.
7. Caoba (acajou)	Switenia Mahagoni	Lin.
8. Cedro (cèdre)	Cedrela odorata	Lin.
9. Cocuyo	Bumelia nigra	Sw.
10. Cuajaní	Cerasus Occidentalis	Lin.
11. Chicharrón prieto	Chuncoa abovata	Poir.
12. Dagame	Calicophyllum candidisimum	D. C.
13. Fustete	Maclura tintorea	Nutt.
14. Guao de Costa	Rhus metopium	Lin.
15. Frijolillo amarillo	Lenchocarpus tatifolius	Kunth.
16. Guaguasí	Casearia totioides	Rich.
17. Guayacán	Guajatum officinale	Lin.
18. Jaimiquí	Byrsonima lucida	Kunth.
19. Jamaquey	Belaira mucronata	Rich.

78

Noms communs.	Noms techniques.	
20. Jiquí de costa.	Malphigia obovata.	Kunth.
21. Jocuma prieta	Syderoxylon mastichodr.	Jacq.
22. Júcaro prieto.	Busida capitata.	Vahl.
23. Maboa.	Cameraria latifolia.	Jacq.
24. Majagua.	Hibiscus tiliaceus.	Lin.
25. Moruro de costa.	Acacia littoralis.	Rich.
26. Quiebra hacha	Copaifera hymenofolia.	Moris.
27. Roble real.	Tecoma longiflora.	Gris.
28. Sabicú.	Lysiloma Sabicó	Benth.
29. Tengue.	Poeppigia procera.	Rest.
30. Yaba.	Andira inermis	Kunth.
31. Yaití.	Excocaria lucida	Sw.
32. Yaya.	Guatteria virgata	Dun.

*Espèces d'arbres dont on emploie les écorces
ou les feuilles pour la tannerie.*

Noms communs.	Noms techniques.	
1. Guayabos	Psidium	
2. Marañón.	Anacardium occidentalis.	Lin.
3. Moruro de sabana.	Petophorum adriatum.	Gris.
4. Peralejo de sabana.	Byrsoninia crassifolia	Kunth.
5. Mangle colorado.	Phizophora mangle.	Lin.
6. Mangle blanco.	Avicennia nitida	Jacq.
7. Encina	Quercus virens	D. C.
8. Patabán.	Laguncularia racemosa	Sortu.

*Espèces d'arbres dont les fruits ou les semences
produisent de l'huile.*

Noms communs.	Noms techniques.	
1. Coco (cocotier).	Cocos nucifera	Lin.
2. Corojo.	Cocos crispa	Kunth.
3. Piñón.	Erythrina corallodudron.	Lin.
4. Mamey colorado.	Lucuma Bomplandi.	Kunth.
5. Aguacate (avocat).	Persea gratissima	Gartu.
6. Encina (chêne).	Quercus virens	D. C.

Espèces d'arbres employés dans la teinturerie.

Noms communs.	Noms techniques.	
1. Fustete	Matlura tinctoria	Nutt.
2. Bija ou Achiote.	Bixa arellana.	Lin.
3. Brasil colorado.	Casalpinia crista	Din.
4. Brasilete. . . .	Coulteria tintoria	Kuth.
5. Peralejo de monte.	Byrsonima Cubensis.	Juss.

*Espèces d'arbres dont on emploie l'écorce
pour la fabrication de cordages.*

Noms communs.	Noms techniques.	
1. Daguilla	Lagetta lintearia	Lam.
2. Guara común. .	Cupania tormentosa.	Sw.
3. Majagua	Hibiscus tiliaceus	Lin.
4. Majagüilla . . .	Pavonia racesnosa.	S. W.
5. Guama común .	Louchocarpus pyxidanius . .	D. C.
6. Guacacoa . . .	Daphnopsis cubensis	Kunth.
7. Corojo.	Cocos crispa	Kunth.

Espèces d'arbres qui produisent des gommes et des résines

Noms communs.	Noms techniques.	
1. Almácigo . . .	Bursera gummifera	Jacq.
2. Ciruelo (prunier).	Spondias lutea	Lin.
3. Cedro (cèdre) .	Cedrela odorata.	Lin.
4. Copal	Voica copal.	Rich.
5. Guaguasí. . . .	Caseria lotioides	Rich.
6. Manajú	Rheedia aristata	Griss.
7. Copey	Clusia rosea	Lin.
8. Abey hembra. .	Papigia excelsa.	Rich.
9. Maboa.	Cameraria latifolia	Jacq.
10. Mango (Mangue).	Mangifera indica	Lin.
11. Marañón. . . .	Anacardium occidentalis. . .	Rich.
12. Mamey amarillo.	Mammea americana.	Lin.
13. Pino (sapin) . .	Pinus occidentale.	Rich.
14. Yaba	Andira inermis	Kunth.

Outre les espèces nommées, qui sont les plus importantes, il en existe d'autres desquelles environ cinquante sont des arbres fruitiers, et parmi le reste il se trouve des espèces employées pour brûler, pour la menuiserie, pour l'ameublement et pour les constructions de la campagne.

CHASSE

Le gibier est abondant : on y trouve en grandes quantités le cerf ou le daim, aussi bien que le lapin. Le sanglier, qui atteint quelquefois 200 à 300 livres avec des défenses de 5 à 6 pouces de longueur, y offre un sport tentant. Les faisans, les pintades, les tourterelles (1), les perdrix, les canards et une grande variété d'autres oiseaux, font que la chasse pendant l'hiver est très agréable. Le seul animal spécial à Cuba est la *Jutía* : l'agouti *(Capromys),* qui mesure de 16 à 18 pouces de longueur, sans la queue ; il vit dans les creux des arbres et se nourrit de fruits et de légumes ; et quoique peu agréable au goût, il est comestible. Le savant Felipe Poey en découvrit à Cuba une espèce qui fut décrite et classifiée par M. Guérin, sous le nom de *Capromys Poeyii* (2).

Les *chauve-souris*, de grande taille, ont formé dans les grottes une grande richesse : le guano naturel, employé aussi par les patriotes pendant la guerre pour fabriquer de la poudre.

Cuba a plus de 200 espèces d'oiseaux au plumage magnifique.

Le *Guacamayo (Psittacus)* est un oiseau admirable par sa beauté : il a 80 centimètres de longueur avec sa queue ; ses couleurs dominantes sont le rouge, le jaune, le vert et le bleu.

Le *Tocoloro (Trogon temnurus)* est un des oiseaux les plus beaux : ses couleurs dominantes sont le bleu, le rouge et le vert, mais tout son corps est un ensemble de nuances émaillées. C'est un oiseau de paradis.

Dans les lacs et entre les petites îles qui entourent Cuba,

(1) *Tojosa (Columba passerina,* Guérin-Meneville).
(2) *Magasine de Zoologie.* Paris, 1834.

CASCADE DU GUAMÁ

on voit de nombreux *Flamants* (*Phenicopterus ruber, Lin.*),
Herons cendrés (*Ardea cœrulea*) et *Cocos* (*Ibis alba*).

On remarque également dans l'île, l'*Aura tiñosa* (le vau-
tour teigneux) qui en enlevant les charognes devient le
désinfecteur naturel du pays et qui malgré son apparence
répugnante, contribue, comme en d'autres pays tropicaux,
à la santé publique.

Dans les marais et les endroits fangeux, on rencontre des
caïmans qui atteignent dans quelques points d'extraordinaires dimensions et dont le cuir pourrait être la source
d'une exportation importante.

PÊCHE

Il existe dans l'île 641 espèces de poissons et les crusta-
cés y sont excellents. Cette industrie qui jusqu'à maintenant
suffit pour le marché local peut acquérir une importance
extraordinaire.

Les huîtres de Cuba sont petites, mais excellentes.

Parmi les poissons les plus connus se trouvent : le *Pargo*
(*Mesoprion ayà*), la *Cherna* (*Serramus striatus*) qui atteint
quelquefois 60 livres, la *Lisa*, le *Gallego* et l'*Aiguille* qui
pèse parfois 500 livres.

On trouve dans les côtes de l'île une grande variété
d'éponges, et principalement à Batabanó, province de la
Havane, qui en fait un commerce de 600.000 pesos par an
(3.000.000 fr.) et emploie près de 800 hommes à cette industrie, et à Caibarién qui en produit pour plus de 400.000 pesos
et de qualité supérieure.

On fait aussi la pêche de la tortue qui fournit une chair
exquise : quelques-unes pèsent 140 kilos. Le *Carey* fournit
de magnifiques écailles qu'on emploie dans le pays pour
la fabrication de plusieurs objets et qu'on exporte aux
Etats-Unis et en Europe. La *Jicotea* est une petite tortue
d'eau douce, dont la chair et les œufs sont excellents.

Dans les rivières et entre les petites îles près des côtes,
on trouve aussi le *Manatí* (lamantin) ou *Vache marine*
(amphibie) dont le cuir sert à faire des cannes.

XI

MINES ET MÉTALLURGIE

Cuba possède beaucoup de mines, mais jusqu'ici elles n'ont pas été exploitées sur une grande échelle, à cause des impôts, et du manque de voies de communication et de renseignements précis au sujet du rendement probable. Les principaux minéraux de l'île sont : l'asphalte, le cuivre, le fer, le manganèse et l'or.

Le Gouvernement ne force jamais les mineurs à travailler leurs concessions. Le propriétaire est en possession de sa mine à perpétuité et peut la travailler à volonté. La seule cause de déchéance que la loi établit est la faute de paiement de la taxe annuelle. Les découvreurs de mines peuvent demander à la fois plusieurs concessions (*pertenencias*) : une *pertenencia* est de 300 mètres de longueur par 200 mètres de largeur, excepté dans les mines de fer, charbon, lignite, asphalte et argile bitumineuse où l'on donne 500 mètres par 300 (15 hectares).

La taxe payée au Gouvernement est de $ 5 (25 fr.) par an par hectare, c'est-à-dire $ 30 par *pertenencia* de 6 hectares quand les mines sont de pierres précieuses ou de substances métallifères. Dans les autres cas, la taxe est de $ 2 par hectare.

Cependant, les mines de fer, charbon, manganese, zinc et plomb sont libres de taxes jusqu'à l'an 1903, et, par conséquent, le Gouvernement ne peut absolument en déclarer la déchéance pendant la période de la concession.

Aimant. — Existe dans diverses provinces.

Amiante. — Se trouve aussi dans différentes provinces.

Antimoine. — Mélangé avec le plomb, il a été trouvé dans les environs d'Holguín.

Argent. — Se trouve mélangé avec du cuivre.

Ardoise. — Il en existe plusieurs gisements.

Asphalte. — Il y en a de riches veines dans divers districts de l'île où il se trouve sous trois aspects : solide, liquide et visqueux. A Motembo, à 25 mètres de profondeur, il existe un puits de naphte d'une pureté remarquable et un autre puits à Lagunillas, près de Cárdenas. Dans la baie de cette ville, il existe de l'asphalte supérieur, qui se vend $ 80 la tonne (400 fr.).

Charbon minéral. — Il existe dans différents endroits. On vient de découvrir des mines très riches, d'excellente qualité, à Mayarí, province de Santiago. L'examen qu'on a fait de ce charbon montre qu'il est de la meilleure qualité et très semblable au charbon appelé « cannel coal » aux Etats-Unis. Il y a aussi des mines à Pinar del Río, près de Bahía Honda.

Cuivre. — Il est tellement abondant qu'on l'aperçoit quelquefois sur la surface de la terre et c'est pour cela que l'on dit que Cuba est placée sur un banc de cuivre et de fer, les gisements minéraux de ces deux métaux se trouvant partout en grande quantité. Le cuivre de Cuba s'est coté à des prix plus élevés que celui du Chili et de Río Tinto. On le trouve en abondance dans les provinces de Matanzas et de Puerto Príncipe ; mais c'est dans celle de Santiago de Cuba où les mines sont les plus importantes. La ville de El Cobre (Le Cuivre) est bâtie sur de très riches et très grandes veines de ce métal ; il se trouve aussi dans cette même province, à Bayamo, Holguín, Tunas, Jiguaní et à la Sierra Maestra.

Fer. — Il existe en grande abondance dans la province de Santiago. Le minerai est d'une couleur hématite brune, très abondant, facile à travailler et d'une excellente qualité et spécialement employée pour faire l'acier Bessemer. Les Compagnies minières les plus importantes sont celles-ci : Juraguá Iron Company (Compagnie de fer de Juraguá), Spanish American Iron Company (Compagnie de fer hispano-américaine) et Sigua Iron Company (Compagnie de fer de Sigua), à Santiago de Cuba.

Pendant les années 1884-1897, la production totale a été de 3.443.444 tonnes de minerai de fer.

La Compagnie de fer de Juraguá exporta en 1897, 250.749 tonnes, et l'Hispano-américaine, 203.893 tonnes.

Les mines de la Juraguá sont à Firmeza ; un chemin de fer de 20 milles de longueur les unit à La Cruz, dans le port de Santiago, où se trouvent les quais d'embarquement où vont charger les nombreux et splendides vapeurs de fer de la Compagnie.

La Compagnie hispano-américaine a un chemin de fer, de ses mines à la baie de Daiquirí, à 16 milles à l'est du port de Santiago. La Compagnie dépensa $ 500.000 (2.500.000 fr.) dans les travaux de la baie de Daiquirí.

La Compagnie de fer de Sigua possède un chemin de fer de 9 milles d'étendue, de ses mines dans l'intérieur à la baie de Sigua.

Manganèse. — Existe en grande quantité dans la province de Santiago de Cuba. A Alto Songo on trouve développées à un haut degré des veines de peroxyde de manganèse (pyrolysite) en jaspe rouge et de formations métamorphiques. Il y a d'importants dépôts à Santa Margarita, Isabelita, Bostoyo et ailleurs. Les gisements plus importants se trouvent à Cristo et à Ponupo : ceux-ci sont à 24 milles au nord-est de Santiago. Le gisement forme une couche qui couvre les sommets et les versants d'une série de petites collines. Le minerai s'extrait des coupures ouvertes et la production actuelle est d'environ 100 tonnes de minerai pur par journée de dix heures.

Marbre. — Très varié, de très bonne qualité et très abondant. Dans l'île de Pinos on trouve la meilleure qualité.

BANC DE MINERAI DES MINES DE JURAGUA

Mercure. — Se trouve près de Remedios.

Ocre. — Existe dans divers endroits.

Or. — Par les travaux du baron Humboldt et d'autres savants, l'on sait que du commencement de la conquête, la race primitive de Cuba extrayait l'or des mines. On trouve de l'or dans la province de Santa Clara, près de Guaraca-buya, et aussi dans la province de Santiago, près d'Holguín, à Guajabales, où la structure géologique du sol est la même que dans d'autres localités aurifères. La région de l'or se trouve à 5 kilomètres au nord d'Holguín et s'étend en direction nord-est à sud-ouest. On le trouve aussi dans le sable des rivières de la même région : un échantillon pris au hasard produisit 0.000.007.5, plus que ce que produit le meilleur lavoir des Monts Ourals, c'est-à-dire 0.000.005.2 (1).

Pierre à aiguiser. — On la trouve dans diverses provinces.

Plâtre. — Existe dans diverses provinces.

Plomb. — Ce minerai a été trouvé dans plusieurs localités. A 25 milles à l'ouest de Santiago et à 5 milles de la côte, se trouvent les mines connues sous le nom de Loma del Gato, et nommées Washington et Jehovah. Les travaux qu'on a faits ont découvert une veine de minerai, d'environ 20 pouces de largeur, qui contient du plomb, du zinc et un peu d'or. L'analyse du minerai est le suivant :

	Pour cent	Onces par tonne	Pour cent	Onces par tonne
Plomb . .	46. »	»	46.60	»
Zinc . . .	14.34	»	12.50	»
Argent . .	»	19	»	22
Or	»	3/100	»	8/100

Plombagine. — Mélangée avec du fer a été trouvée près de Santiago de Cuba.

Terre glaise. — Elle se trouve de très bonne qualité dans la province de Pinar del Río.

Zinc. — On en connaît trois mines.

(1) Mémoire de la Chambre de Commerce, Industrie et Navigation de Santiago de Cuba, 1893.

Il y a 506 mines reconnues officiellement. Elles se répartissent comme suit :

Santiago de Cuba.	386 mines.
Santa Clara.	59 —
Puerto Príncipe.	27 —
Pinar del Río.	13 —
Matanzas.	11 —
Havane	10 —
	506 mines.

Les salines sont en grande quantité, sur les côtes et dans les petites îles et îlots qui entourent Cuba, et leur produit est de très bonne qualité. Les plus importantes sont les Salines de Punta Hicacos, dans la presqu'île d'Hicacos, près de Cárdenas ; et celles de Cayo Romano, dans l'île de ce nom. La production de sel peut arriver à suffire à approvisionner le marché de l'île et aussi à en exporter.

Les sources minérales plus connues sont celles de San Diego, San Antonio de los Baños, Madruga, San Miguel de los Baños et San Rafael de Camujiro.

XII

VOIES DE COMMUNICATION
ET TRANSPORTS.

POSTES — TÉLÉPHONES — TÉLÉGRAPHES — CABLES

TRANSPORTS

POSTES. — Les bureaux de postes de Cuba sont ainsi répartis :

Province de Pinar del Río. . .	30	bureaux.
— Havane	60	—
— Matanzas	48	—
— Santa Clara. . . .	64	—
— Puerto Príncipe. .	7	—
— Santiago de Cuba.	30	—
TOTAL. . .	239	bureaux.

Le nombre des employés est de 603, et le montant de la vente des timbres-poste et cartes postales pendant le premier semestre de 1899 a été de $ 159.966.61 (800.000 francs environ).

Les dénominations des timbres-poste sont les suivantes :
1, 2, 3, 5 et 10 centavos (1 centavo est égal à 5 centimes
de franc). Il y a aussi des cartes postales de 1 et de 2 centavos
et des timbres de 10 centavos pour la livraison immédiate
des lettres.

L'affranchissement des lettres pour le pays est de 2 centavos pour 30 grammes ; pour l'étranger (pays compris dans
l'Union postale universelle), 5 centavos par fraction de
15 grammes. Pour Cuba, on emploie les cartes postales d'un
centavo, et pour l'étranger celles de 2 centavos.

TÉLÉPHONES. — Le système téléphonique a été installé
dans toute l'île, et les villes de quelque importance ont des
réseaux téléphoniques. En plus, il y a beaucoup de lignes
de cette classe de communication entre les usines de sucre
à la campagne et les bureaux de leurs propriétaires dans les
villes.

TÉLÉGRAPHES. — Avant 1895, il y avait à Cuba, à peu près
2.300 milles de lignes télégraphiques et 153 bureaux de
réception, et la quantité de messages s'est élevée à 360.000
par année.

Voici le tarif ordinaire par mot pour les télégrammes :

DES BUREAUX dans les Provinces de :	AUX BUREAUX DES PROVINCES DE :					
	Pinar del Rio — Centimes	Havane — Centimes	Ma-tanzas — Centimes	Santa Clara — Centimes	Puerto Principe — Centimes	Santiago de Cuba — Centimes
Pinar del Río. . .	10	10	10	15	20	25
Havane.	10	10	10	10	15	20
Matanzas. . . .	10	10	10	10	10	15
Santa Clara. . . .	15	10	10	10	10	10
Puerto Príncipe. .	20	15	10	10	10	10
Santiago de Cuba.	25	20	15	10	10	10

Pour la Presse de tout le pays il existe un tarif réduit,
uniforme pour toute l'île : 1 centavo par mot (égal à 5 centimes de franc).

Pendant la domination espagnole, le télégraphe était un monopole du gouvernement ; après l'intervention militaire américaine, les lignes détruites pendant la guerre ont été réparées et augmentées de centaines de milles de nouvelles lignes par le Corps de Signaux des Etats-Unis.

CABLES. — Il y a quatre lignes de câbles : L'*International Ocean Telegraph C°*, de la Havane à la Floride, en combinaison avec la *Western Union Telegraph C°*, des Etats-Unis ; la *Cuban Submarine Telegraph C°, Limited*, de la Havane à Santiago de Cuba et à Cienfuegos ; la *West India & Panama Telegraph C°*, de la Havane à Santiago de Cuba, la Jamaïque, Puerto Rico, les petites Antilles et Colon ; et la *Compagnie Française des Câbles Sous-Marins*, de la Havane à Santiago de Cuba, Haïti, Saint-Domingue, Vénézuela et le Brésil.

La compagnie *Postal Cable & Telegraph C°*, projette d'établir une nouvelle ligne qui joindrait Cuba et les Etats-Unis, laquelle en combinaison avec la *Postal Telegraph C°*, et la *Commercial Cable C°*, des Etats-Unis, mettrait Cuba en communication avec le reste de l'univers à des prix très-réduits. Maintenant le prix par mot de la Havane à New York est 75 centimes ; à Paris, Londres et Berlin, 2 fr. 50 centimes ; à Madrid, 3 fr. 25 centimes, etc.

TRANSPORTS. — Il y a à Cuba approximativement 1.150 milles (1) de chemins de fer publics, sans compter environ 120 usines de sucre qui possèdent des lignes privées.

La plantation de sucre *Central Santa Lucia*, près de Gibara, possède une ligne de chemin de fer de 21 milles de longueur. A Banes, la *Compagnie Fruitière Unie*, a une ligne de 20 milles à travers des plantations de bananes. Il y a aussi des lignes particulières, dans la province de Santiago de Cuba, entre les mines à l'intérieur et les quais sur la côte. La plus importante de celles-ci est celle de la Compagnie de Juráguá, de 20 milles de longueur. En plus, les lignes de Daiquirí, de Sigua et d'El Cobre.

A la Havane, à Regla et à Puerto Príncipe existent des lignes de tramways ou chemins de fer urbains, de traction

(1) Un kilomètre équivaut à 0.62137 de mille.

animale, électrique et à vapeur. Il y a aussi une ligne de tramways de 2 kilomètres de la Barca à los Abreus, province de Santa Clara. Actuellement l'on fait des travaux dans la capitale de l'île pour l'installation de tramways électriques en substitution de ceux à traction animale. De nombreuses lignes d'omnibus circulent dans la Havane et d'autres villes, et il existe aussi des lignes des villes plus importantes aux villages des environs. A la Havane, on compte aussi environ 4.000 voitures publiques.

La plus importante entreprise de chemins de fer, est la *Compañía de los Ferrocarriles Unidos*, avec quatre réseaux et 246 1/2 milles de voies ferrées : de la Havane à Matanzas et à Jovellanos, à Batabanó, à Unión, et à Guanajay. En outre, cette Compagnie a une ligne parallèle de Matanzas à Empalme et à Güines, où elle se joint à celle de l'Unión à à la Havane ; et deux autres embranchements : l'un de Regla à Guanabacoa et l'autre de Sabana de Robles à Madruga, où se trouvent d'importantes sources d'eaux minérales. Ces voies traversent les districts les plus peuplés de l'île.

Le Chemin de fer de l'Ouest part de la Havane et traverse le district de la Vuelta Abajo, où se récolte le meilleur tabac du monde, et arrive à la ville de Pinar del Río, capitale de la province de ce nom, à 109 1/2 milles (176 kilomètres) de la Havane.

Le Chemin de fer de Matanzas a une ligne de 71 milles, de Matanzas à Cumanayagua, qui est la gare de l'importante ville de Colón où elle se joint à la ligne de Santa Clara de la Compagnie de Cárdenas et Júcaro et continue jusqu'à Esles à 85 milles. Elle a l'embranchement de Navajas et Jagüey Grande jusqu'à Murga, avec 29 milles, et d'autres petits embranchements faisant un total de 172 3/4 milles.

Le Chemin de fer de Cárdenas et Júcaro a une ligne de 96 milles à Esperanza, où elle se joint au Chemin de fer de Sagua la Grande (Chemins de fer centraux cubains) et se réunit dans cette ville à celle de Santa Clara et d'autres lieux de la province de ce nom. Il y a les embranchements : de Jovellanos à Navajas, 10 1/2 milles ; de Cárdenas à Yaguaramas, 67 milles ; de Recreo à Itabo, 13 milles, et d'Altamisal à la Macagua, 20 milles ; total : 206 milles.

Les Chemins de Fer Centraux Cubains ont une ligne de

Cienfuegos à Santa Clara avec 42 1/2 milles : à Esperanza ils se joignent à la ligne de Cárdenas et Júcaro, et à Cruces avec celle de Sagua la Grande, qui a une longueur de 48 1/3 milles jusqu'à l'Isabela, le port de Sagua. La ligne de Sitiecito à Camajuaní a une étendue de 35 milles; celle de Caibarién à Placetas, 33 milles; l'embranchement de Chinchilla, 4 2/3 milles et celui de Zaza, 22 1/2 milles : en tout 186 milles.

La ligne de la Havane à Marianao à 9 milles d'étendue et transporte environ 800.000 voyageurs par an.

La ligne de Triscornia, ou du Port de la Havane, à 6 milles de longueur.

La ligne de San Cayetano à Viñales, dans la province de Santa Clara, a une longueur de 15 milles.

Le Chemin de fer de Tunas à Sancti Spiritus à une ligne de 24 1/4 milles; celui de Trinidad (de Casilda à Fernández), 22 milles; celui de Júcaro à Morón, 40 milles; celui de Nuevitas à Puertó Príncipe, 45 milles; celui de Bagá à San Miguel, 5 1/2 milles; celui de Gibara à Holguín, 20 milles; celui de Guantánamo (Caimanera à Soledad), 10 1/2 milles; et celui de Santiago de Cuba à San Luís, 26 milles et avec l'embranchement de Sabanilla, 7 milles en plus.

L'on projette une ligne de chemin de fer centrale qui mettrait en communication Santa Clara et San Luís, dans la province de Santiago de Cuba, en passant par Ciego de Avila, Puerto Príncipe et las Tunas (avec deux embranchements de cette ville à Holguín et à Bayamo), se joignant à San Luís ou Enramadas à la ligne de Santiago de Cuba : ce qui ouvrirait au commerce du monde les deux provinces de Puerto Príncipe et de Santiago de Cuba avec leurs extraordinaires richesses.

Étendue des voies des Chemins de fer publics.

	Milles
Chemins de fer Unis de la Havane	246 1/2
Chemin de fer de l'Ouest	109 1/2
Chemin de fer de Matanzas	172 3/4
A reporter	528 3/4

	Milles
Report	528 3/4
Chemin de fer de Cárdenas et Júcaro. . . .	206
Chemins de fer Centraux Cubains.	186
Chemin de fer de la Havane à Marianao . .	9
Chemin de fer de Triscornia.	6
Chemin de fer de San Cayetano à Viñales. .	15
Chemin de fer de Tunas à Sancti Spiritus. .	24 1/4
Chemin de fer de Trinidad	22
Chemin de fer de Júcaro à Morón	40
Chemin de fer de Nuevitas à Puerto Príncipe.	45
Chemin de fer de Bagá à San Miguel. . . .	5 1/2
Chemin de fer de Gibara à Holguín.	20
Chemin de fer de Guantánamo.	10 1/2
Chemin de fer de Santiago de Cuba	33
TOTAL	1.151 milles

Les meilleures chaussées de l'île se trouvent dans les provinces de Pinar del Río, Havane et Matanzas et sont celles de la Havane à Guanajay, à San Cristóbal et à Pinar del Río; à Bejucal et à Batabanó; à Managua; à Güines; à Santa María del Rosario et à Matanzas; à Guanabacoa et à Minas; de Pinar del Río à la Coloma ; et de Matanzas à Cárdenas. Il faut aussi remarquer le chemin central de l'île, de Pinar del Río à Santiago de Cuba.

Cuba a 6.500 milles de côtes, avec les ondulations de ses plages, et 54 ports. Les plus importants de ces ports, dans la côte Nord, sont : Bahía Honda, Cabañas, Mariel, la Havane, Matanzas, Cárdenas, Sagua la Grande, Caibarién, Nuevitas, Puerto Padre, Gibara, Samá, Nipe et Baracoa ; et dans la côte Sud : Guantánamo, Santiago de Cuba, Manzanillo, Santa Cruz del Sur, Casilda, Cienfuegos, Batabanó et la Coloma.

Avec des conditions si favorables, il est tout naturel que les transports par mer soient plus importants que les transports terrestres. 1.200 vaisseaux à vapeur et à voile sortent annuellement du port de la Havane. Le tonnage de .

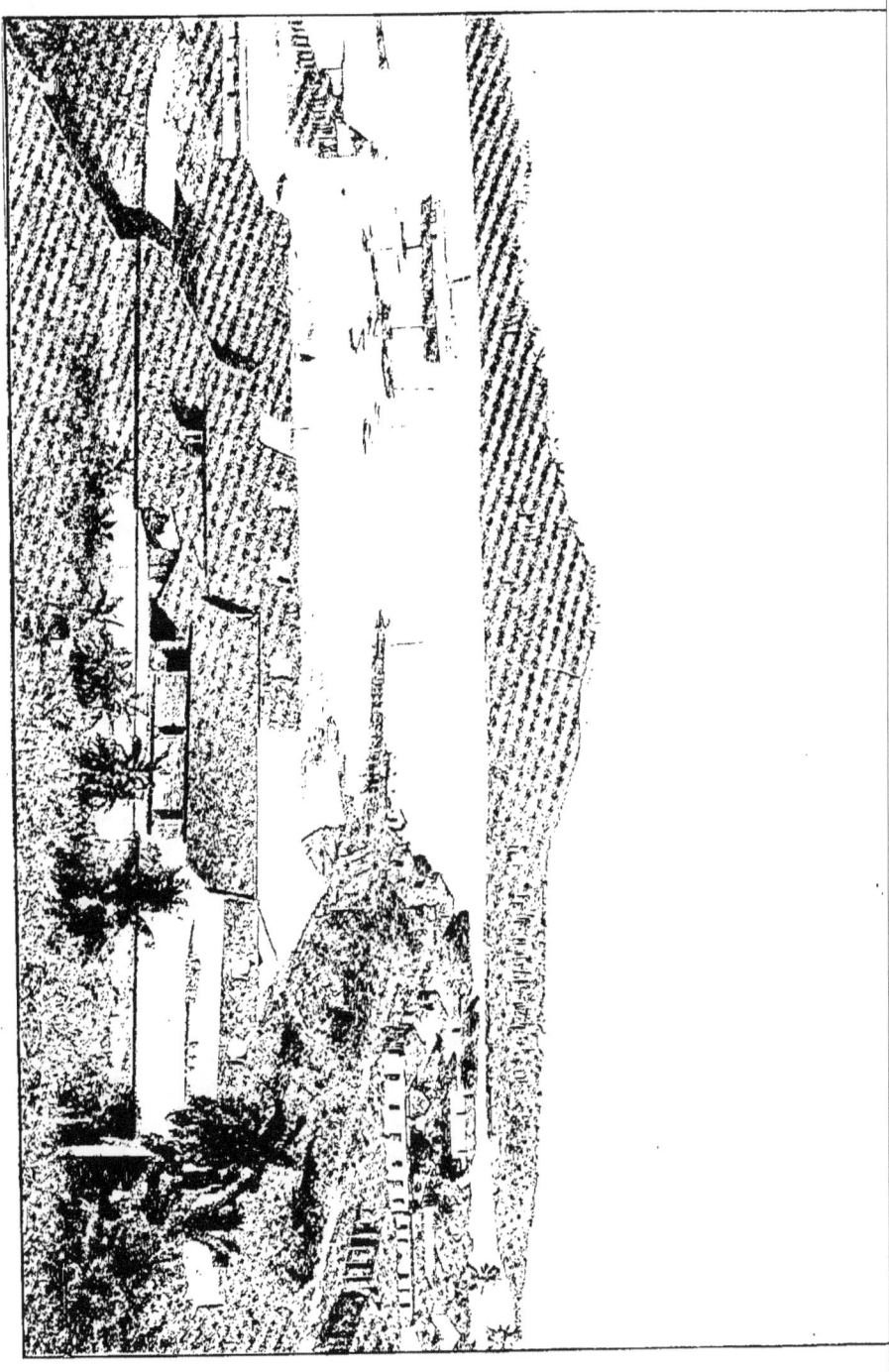

BAIE DE BARACOA

ce port et de huit autres ports de l'île, en :894, fut de 3.538.539 tonnes chargeant 3.181 vaisseaux.

Il y a 19 phares sur les côtes.

La ligne principale de paquebots qui trafique avec l'île est la Compagnie américaine *New York & Cuba Mail Steamship* C° (ligne de Ward). Ses paquebots sortent de New York pour la Havane deux fois par semaine et vice-versa. En outre, cette Compagnie a une ligne à Guantánamo, Santiago de Cuba et Cienfuegos. Ces paquebots font aussi le commerce entre le Mexique et Cuba.

La ligne de Munson fait la traversée une fois par semaine entre New York et les ports de la côte Nord à l'Est de la Havane.

La ligne de Plant fait le trafic deux ou trois fois par semaine (selon la saison), de Port Tampa et Key West à la Havane, et de même la ligne de Miami (Floride) à la Havane.

La ligne de Morgan envoie tous les cinq jours un paquebot de la Nouvelle-Orléans à la Havane, voie Key West.

La Compagnie Transatlantique Espagnole envoie à la Havane, des ports de l'Espagne, un paquebot tous les dix jours, voie Puerto Rico. En plus, cette Compagnie maintient une autre ligne entre la Havane, New York, le Mexique, la Colombie et le Vénézuela.

Et en résumant, nous citerons la ligne de vapeurs de Herrera, qui visite différents ports de la côte Nord de l'île et continue sur Saint-Domingue et Puerto Rico ; la ligne de Gallego, Messa et Compagnie de Santiago de Cuba à Guantánamo et à la Jamaïque ; la ligne d'Argüelles, de Cienfuegos à Túnas de Zaza ; la ligne Menendez desservant les ports de la côte Sud ; les bateaux qui font le service de la rivière Damují, de Cienfuegos à Rodas ; ceux qui vont de la Havane à Cárdenas, à Sagua la Grande et à Caibarién ; deux lignes de Batabanó à l'île de Pinos ; les lignes de la Havane à plusieurs ports de Pinar del Río, à Nuevitas, etc ; les paquebots de la Compagnie Générale Transatlantique française, qui partent de Saint-Nazaire une fois par mois et touchent à la Havane à l'aller et au retour de Vera Cruz ; la ligne allemande d'Hambourg ; les lignes anglaises de Southampton et de la Compagnie de Québec ; plusieurs lignes de vapeurs espagnols qui partent de Liverpool et touchent à divers ports de l'île ; les bateaux fruitiers et mineurs de la *United Fruit C°* et de la *Juraguá Iron C°*, de Boston, New York, Philadelphie et Baltimore aux ports orientaux de l'île ; ceux qui font le commerce de bétail des ports des États-Unis, du Mexique et de l'Amérique du Centre et du Sud ; les vapeurs de diverses nationalités qui y vont charger du sucre et les fruitiers suédois et norvégiens appartenant à des lignes régulières qui conduisent aussi des voyageurs à prix réduits.

On fait aussi un commerce considérable par le moyen de bateaux voiliers, non seulement entre les ports de l'île, mais aussi avec les États-Unis, l'Amérique du Sud et l'Espagne.

XIII

SYSTÈME MONÉTAIRE

———

Cuba ne possède pas encore de monnaie. L'unité moné-
taire a été jusqu'à ce jour le peso d'or espagnol dont la
valeur est de 92.6 centavos en change sur l'or américain.
Le billet, ou papier monnaie de la *Banque Espagnole de
l'île de Cuba*, a disparu avec le gouvernement qui l'avait
autorisé.

Par le décret du Président Mac Kinley, à la date du
28 décembre 1898, l'équivalence en monnaie des Etats-
Unis, qui suit, a été fixée pour les monnaies étrangères :

Monnaies étrangères :	Equivalence en	
	Dollars	Cents
Alfonsino (25 pesetas)	4	82
Louis (20 francs)	3	86
Duro (5 pesetas).	»	60
1/2 duro (2 1/2 pesetas)	»	30
Peseta.	»	12
Real.	»	06
1/2 real	»	03

PAVILLON DE CUBA A L'EXPOSITION UNIVERSELLE DE 1900
(FAÇADE DE LA COLONNADE INTÉRIEURE)

XIV

LISTE DES EXPOSANTS

GROUPE I

ÉDUCATION & ENSEIGNEMENT

CLASSE I

**Education de l'enfant. — Enseignement primaire.
Enseignement des Adultes.**

EXPOSANTS DE LA CLASSE I

Exposition collective de livres d'enseignement primaire composée de :

1. **BALMASEDA, Francisco Javier,** Chevalier de l'Ordre du Mérite Agricole de France, Calzada del Cerro 775, Habana.

    Fables morales.

2. **CASADO Y VALDÉS, Arturo,** Salud 15 A., Habana.

    Elementos de Aritmética, 1ª parte, ouvrage écrit par le Ldo. Rafael Sixto Casado.

3. **DÍAZ, Arturo R.,** *professeur,* Virtudes y Perseve-
rancia, Habana.

La Escuela Moderna, journal bi-mensuel avec leçons
d'enseignement primaire.

4. **GARCÍA DE CORONADO, Domitila,** *professeur,*
Cuba 156, Habana.

Texto de lectura.

5. **VALDÉS RODRIGUEZ, Manuel,** *professeur,* Amargura 66, Habana.

Elementos y Ejercicios de Aritmética.

CLASSE 2

Enseignement secondaire.

Enseignement secondaire des garçons ; Enseignement classi-
que ; Enseignement moderne ; Enseignement des jeunes
filles.

EXPOSANTS DE LA CLASSE 2

Exposition collective composée de :

1. **BARALT, Dr. Luís A.,** *professeur,* Teniente Rey 102,
Habana.

Método Harmónico para aprender el idioma castellano.

2. **CASADO Y VALDÉS, Arturo,** Salud 15 A., Habana.

Gramática Latina, 1° y 2° curso.
Traducciones Latinas, 1° y 2° curso.
Ouvrages écrits par le Ldo. Rafael Sixto Casado.

3. **HERA, Manuel de la,** *professeur,* Rio 183, Matanzas.

Alfabeto geográfico de descubrimientos y biográfico de
descubridores en el planeta Tierra.
Historia de las 28 letras de la Lengua Española.
Cuadro sincrónico de Historia Universal, tableau en
couleurs pour l'enseignement de l'Histoire.

4. **PARRILLA, Justo F.,** *professeur*, Habana.
Prontuario de la Historia de los Estados Unidos.

5. **RUÍZ, Lorenzo A.,** *professeur*, Jenez 129, Cárdenas.
The Cuban-American, Traité Analytique et Clef de la Prononciation anglaise.

6. **VALDÉS RODRÍGUEZ, Manuel,** *professeur*, Amargura 66, Habana.
Ensayos sobre Educación teórica, práctica y experimental.

CLASSE 3

Enseignement supérieur. — Institutions scientifiques.

EXPOSANTS DE LA CLASSE 3

1. **ACADEMIA DE CIENCIAS,** Cuba 84 A., Habana.
Collection de 31 objets de ses collections d'anthropologie et archéologie de Cuba.

2. **BALMASEDA, Francisco Javier,** Chevalier de l'Ordre du Mérite Agricole de France. Calzada del Cerro 775, Habana.
Ensayos sobre Patornitología.
El Tesoro del Agricultor.

3. **BECERRA Alfonso, Dr. Pedro,** Paso Real de San Diego.
Pierre des Indiens.

4. **CARBONELL, Ramón I,** *avocat*, Luz 26, Habana.
La cuenta corriente y sus efectos jurídicos.
Médaille d'or décernée par le Cercle d'avocats de la Havane.

5. **COLUMBIÉ, Tito,** Baracoa.

Idole indienne.

6. **DOLZ Y ARANGO, Dr. María Luisa,** *professeur*, Prado 64, Habana.

Cinq discours divers sur l'Education de la Femme et le Mouvement féministe.

7. **DOLZ Y ARANGO, Dr. Ricardo,** *Avocat*, Aguiar 40, Habana. ·

Ses ouvrages :

El juicio ejecutivo.

Programa de Derecho Procesal.

La seguridad social y la libertad individual.

El Código civil y el Notariado.

8. **ESCUELAS Pías,** Guanabacoa.

Catalogue spécial de sa collection de 335 pierres et de 598 minéraux de l'île de Cuba.

Prix aux Expositions de Paris de 1878, Matanzas 1881 et Barcelone 1888.

9. **ESCUELAS Pías,** Puerto Príncipe.

Mémoire de sa collection de 201 fossiles végétaux du Chorrillo; 58 pierres et 37 minéraux; 2 spécimens de jobo fossile et 1 spécimen d'oxyde magnétique.

10. **MORALES, Dr. Sebastián Alfredo de,** *botaniste*, Zaragoza 17, Matanzas. Membre de Mérite de l'Académie des Sciences de la Havane.

Flora General de Cuba, 3 volumes.

GROUPE II

ŒUVRES D'ART

CLASSE 7

Peintures. — Cartons. — Dessins.

---

1. **ARRARTE Y PELAEZ, Luís de,** Empedrado 6, Habana.

   Tableau à l'huile : *Un mendiant de la Havane.*

2. **BILLINI, Adriana,** Compostela 2, Habana.

   Tableaux à l'huile :
   La Cuisinière cubaine.
   L'Éclaireur (insurgé cubain).

3. **BOSCH, Concepción,** Consulado 58, Habana.
   Tableau à l'huile : *Vue de Regla.*

4. **CALVET, Luís J.,** Habana.

   Tableau : Peinture sur verre ; Ecusson et drapeau de Cuba (Encadrement en majagua, bois de Cuba).

5. **CORTADELLAS, Ramón,** Matanzas.
Dessins de machines.

6. **GELABERT, Sebastián,** O'Reilly 63, Habana.
Tableau à l'huile : *Le meilleur couple.*

7. **HERNÁNDEZ Y SOTOLONGO, Elena R.,** Surin-
tendante de l'Ecole d'Arts et Métiers, Habana.

Miniature sur ivoire : Portrait de Mlle Louise C. Ros.
Deux miniatures sur porcelaine.

8. **LLUCH, Manuel D.,** Muralla 109. Habana.
Tableaux à l'huile :
Dans la forêt.
Après la pluie (coucher de soleil).

9. **MAGRIÑAT, Adriano,** O'Reilly 68, Habana.
Tableau à l'huile : *Nouvelles de la Guerre.*

10. **MENOCAL, Armando,** Galiano 122, Habana.
Six portraits à l'huile :
Mme Elena Herrera de Cárdenas.
M. Ezequiel García.
M. Aniceto Valdivia.
Mme Valdivia.
M. Malpica.
Mme Malpica.

11. **MELERO, Aurelio,** O'Reilly 63, Habana.
Portraits à l'huile :
Le Lieutenant Général Antonio Maceo.
M. Sebastián Gelabert.
Tableaux à l'huile :
Port de la Havane.
Paysage de Cuba.

12. **MERCIER, Concepción,** Calzada del Cerro 594,
Habana.
Tableau à l'huile : *Une rue de Regla.*

13. **PORRO, Angel,** Cuba 71, Habana.

Tableau à l'huile : *Les bords de l'Almendares.*

14. **POSADA Y CASTILLO, Manuel B.,** Cid 63, Cienfuegos.

Tableau à l'huile : *Amant refusé.*

Mention honorable à l'Exposition Nationale de Madrid de 1897.

15. **QUIÑONES, Santiago,** O'Reilly 23, Habana.

Tableau à l'huile : *Assassin !*
Portrait à l'huile.

16. **ROMAÑACH, Leopoldo,** Habana.

Tableaux à l'huile :

La Convalescente.
Une Vieille femme.
Un Vieillard.
Paysage de Cuba.

17. **RUÍZ Y RUÍZ, Juan,** 13 rue de Trévise, Paris.

Miniature sur ivoire : *Pacte de Méphistophélès et Faust.*

18. **SALAS, Javier G.,** Virtudes 28, Habana.

Portrait au crayon.

19. **SOLER, José María,** Independencia 56, Cienfuegos.

Tableau à l'huile : *Le Captif.*

Mention honorable à l'Exposition Nationale de Madrid de 1897.

20. **TABERNILLA, Francisco,** Habana 156, Habana.

Tableau à l'huile : *Une Esquisse.*

21. **IBAÑEZ, Feliciano,** O'Reilly 62, Habana.

Tableau à l'huile : *L'Heure du Rendez-vous.*

CLASSE 9

Sculpture.

---

1. **GARCÍA, Atanasio Francisco,** Aguila 240, Habana.
Ecusson de Cuba en cèdre.

2. **MELERO, Aurelio,** O'Reilly 63, Habana.
Deux sculptures en plâtre :
Un buste de Jésus.
Un buste de femme.

3. **TORRES, Capitaine Manuel,** Santa Clara.
Ecusson de Cuba, fait de racines de jagüey, en janvier de 1896, en campagne, sans instruments appropriés.

GROUPE III

INSTRUMENTS ET PROCÉDÉS GÉNÉRAUX

des Lettres, des Sciences et des Arts.

CLASSE 11

Typographie. — Impressions diverses.

---

1. **GARCÍA, José** M., *lithographe*, San Nicolás 124 y 126, Habana.

   Spécimens d'impressions litho et chromolithographiques.

2. **GUERRA, Hnos y Ca.**, *lithographes et chromolithographes*, Dragones 112, Habana.

   Impressions litho et chromolithographiques et de relief, industrielles, commerciales et artistiques, en noir et en couleurs.

3. **RUÍZ y Ca., M.,** *graveurs et imprimeurs,* Obispo 18, Habana.

Gravures sur acier, bronze, et autres métaux ; monogrammes et impressions industrielles, commerciales et artistiques en noir et en couleurs.

Récompenses aux Expositions de Matanzas, 1881, et Chicago, 1893.

CLASSE 12

Photographie.

EXPOSANTS DE LA CLASSE 12

1. **CASAÑAS, Gregorio,** *photographe,* Membre des Académies de Photographie de Paris et de Bruxelles. Colón 86, Sagua la Grande.

Panneaux de vues et de photographies prises à la campagne et développées sans galeries.

Médaille d'argent à l'Exposition photographique de New York en 1895.

2. **MILES, H. J.,** Gelabert 21, Matanzas.

112 larges vues photographiques de Cuba, envoyées par le Général J. W. Wilson, chef du Département.

3. **OTERO Y COLOMINAS,** *photographes,* San Rafael 32, Habana.

Panneau de portraits photographiques de demoiselles cubaines.

4. **PÉREZ, Pedro J.,** *photographe,* Real 106, Cárdenas.

Panneau de portraits photographiques.

5. **RUÍZ DE CASTRO, Calixto,** *photographe,* Contreras 41, Matanzas.

Photographies.

VILLA A BELLAMAR (ENVIRONS DE MATANZAS)

6. **SUÁREZ y Ca, J. A.,** *photographe,* O'Reilly 64, Habana.

Panneaux de portraits photographiques.

7. **TÉSTAR, Ricardo,** *photographe,* San Rafael 34, Habana.

Panneau de portraits photographiques en platino-typie.

CLASSE 13

Librairie. — Editions musicales. — Reliure.

Affiches. — Journaux.

EXPOSANTS DE LA CLASSE 13

1. **ACADEMIA DE CIENCIAS,** Cuba 84 A., Habana.

   Colección de los Anales de la Academia ; 36 volumes.

   Médaille de bronze à l'Exposition de Paris de 1878 et diplôme à l'Exposition de Philadelphie de 1876.

2. **AMOEDO, Dr. Oscar,** Avenue de l'Opéra 15, Paris.

   L'Art dentaire en médecine légale.

   Ouvrage couronné par la Société Odontologique de France (1er prix).

3. **BALMASEDA, Francisco Javier,** *auteur,* Cheva-lier de l'Ordre du Mérite agricole de France, Cerro 775, Habana.

   Ses ouvrages :

   El Miscelánico.
   Los Confinados á Fernando Pó.
   Clementina, roman.

4. **CABRERA, Raimundo,** *avocat, éditeur, journaliste* et *auteur*, Galiano 79, Habana.

Ses ouvrages :

Cuba y sus jueces.
Mis buenos tiempos.
Cartas á Govin.
Los Estados Unidos.

5. **CADENAS, Manuel, P.,** *ingénieur*, Martí 21, Puerto Príncipe.

Memoria sobre unos fósiles vegetales encontrados en el Chorrillo, par Pio Galtés.

6. **CÉSPEDES, José María,** *auteur*, Habana.

Ses ouvrages :

La Doctrina de Monroe.
Instrucción Cívica.
Elementos de Derecho natural.
Discursos, Estudios y Artículos.

7. **COMALLONGA, José,** *auteur*, Cienfuegos.

Manual del químico y maestro de azúcar cubano, ouvrage d'analyse industrielle.

8. **CURBELO, José,** *éditeur*, Habana.
Proyecto de inmigración.

9. **DÁVILA, R.,** *musicien*, Trinidad.

Alianza musical, danse cubaine écrite sur des motifs des hymnes nationaux de Cuba, États-Unis et France.

10. **ESCOTO, Augusto,** *écrivain*, Matanzas.
Bibliografía matancera.

11. **FALCO, Dr. Francisco Federico,** *médecin et écrivain*, Prado 89, Habana.

Album de la Asamblea cubana, collection d'autographes des membres de l'Assemblée cubaine.

12. **FLORES, Georgina de,** *auteur*, Aguila 82, Habana.
Adelfa, roman.

13. **GARCÍA DE CORONADO, Domitila**, *auteur et professeur*, Cuba 156, Habana.

   Ses ouvrages :

Consejos y consuelos de una madre á su hija.
Apuntes sobre los cementerios de la Habana.
Apuntes biográficos de don Tomás Romay y Chacón.
Propagación de la Vacuna.
Cura del Vómito negro.
Album poético y fotográfico de las escritoras cubanas, con autógrafo de Gertrudis Gómez de Avellaneda.

14. **GASTÓN CUADRADO, Alonso,** *auteur*, Habana 112, Habana.

   Ses ouvrages :

Ejercicios prácticos de Química médica.
El descubrimiento del argón.
Introducción al estudio de la espectroscopia.
Estudios aestho-fisiológicos.

15. **GIBERGA, Benjamin**, *écrivain*, Campanario 131, Habana.

   Danse cubaine : *Efectos contrarios.*
   El Gran Lucero, roman, traduction de l'anglais.

16. **HEREDIA, Nicolás,** *auteur*, Habana.

   Son ouvrage : *La sensibilidad en la poesía castellana.*

17. **LÓPEZ Y VALDÉS, Ambrosio V.,** S. Ambrosio 58, Matanzas.

   Las cadenas de la Esclavitud (traduction).

18. **LÓPEZ VILLALONGA, Dr. José,** *médecin*, Galiano 89, Habana.

   Ses ouvrages :

Apuntes de terapéutica hipnótico-sugestiva.
Importancia de la terapéutica hipnótico-sugestiva.
Las nerviosas.

19. **MEZA, Ramón,** *avocat et écrivain,* Aguiar 100, Habana.

> Ses ouvrages :

Estudios críticos : Homero.
La obra póstuma de A. Mitjans.

> Ses romans :

Carmela.
El duelo de mi vecino.
Flores y Calabazas.
Mi tio el empleado.
Don Aniceto, el tendero.
En un pueblo de la Florida.
Ultimas páginas.

20. **NIETO, Carmela V.,** *éditeur,* Prado 41, Habana.

Para la Historia de Cuba, études politiques de Rafael Fernandez de Castro, volume I.

21. **PALACIO, Dr. Ramón,** *médecin,* Habana.

Extirpación del lóbulo interno del hígado, discours de réception.

22. **RISQUET, Juan F.,** *auteur,* Tejadillo 12, Habana.

La cuestion político-social en la Isla de Cuba.

23. **RODRÍGUEZ LENDIÁN, Dr. Evelio,** *professeur,* Habana.

Discurso en la apertura del curso académico de la Universidad de la Habana de 1899 á 1900.

24. **SÁNCHEZ FUENTES, E.,** *musicien,* Habana.

Chanson havanaise : *Tú.*

25. **SOCIEDAD POPULAR,** Puerto Príncipe.

Datos de Puerto Príncipe, par Juan Torres.
El Camagüey, par Antonio Perpiñá.

PLACE D'ARMES, A MATANZAS

26. **TEJERA, Diego Vicente,** *écrivain,* Amargura 32, Habana.

> Ses ouvrages :

Italia por Cuba.
La mujer cubana.
Conferencias sociales y políticas.
Blancos y Negros.
La capacidad cubana.

27. **USATORRES, Ernesto L.,** *écrivain,* Guanajay.

Son ouvrage : *Impresiones de la Guerra : Campaña de Pinar del Río.*

28. **VERANES, Dr. Felipe,** Santiago de Cuba.

Mémoire de la Chambre de Commerce de Santiago à l'Exposition de Chicago.

29. **WILSON, Général James H.,** Gouverneur Militaire du département de Matanzas et Santa Clara, Matanzas.

Reports.

30. **WOOD, Général Leonard,** Gouverneur Militaire de Cuba, Habana.

Civil Report of Major General John R. Brooke.
Final Report of Major General John R. Brooke.
Special Report of the Secretary of Finance.
Orders of Major General Leonard Wood.

31. **ZAHONET, Félix R.,** *auteur,* Sitios 16, Habana.

Drame : *Los Fosos, Weyler ó la Reconcentración.*
Drame : *Patria ó Tumba.*

Exposition collective composée de :

32. **ALBUERNE, Manuel,** *éditeur,* Matanzas.

Un volume du journal quotidien *Diario de Matanzas.*
Un volume du journal quotidien *Correo de Matanzas.*

33. **AZÚCAR, El,** Habana.

Revue de l'industrie sucrière.

34. **CARBONELL, Ramón I.,** *avocat*, Luz 26, Habana.

Revista General de Derecho, journal officiel du Collège d'avocats de la Havane, 13 volumes.

35. **CUBA Y AMÉRICA, Raimundo Cabrera,** *éditeur*, Galiano 79, Habana.

Collection de la revue *Cuba y América*, 1897-98-99.

36. **CHAO, Viuda é hijos de,** *éditeurs et imprimeurs*, Zulueta 28, Habana.

Tesoro del Agricultor cubano, par Francisco J. Balmaseda.
Prontuario de los Estados Unidos, par Parrilla.
Para la Historia de Cuba, par Rafael Fernández de Castro.
Gramática Inglesa, par N. Ponce de León.
Spanish Civil Code, par S. Walton.
Jardineras, par S. Busset.
Elementos de Aritmética, par M. Valdés Rodríguez.
Desde el Zanjón hasta Baire, par Luís Estévez y Romero.
Impressions diverses.

37. **ESTÉVEZ Y ROMERO, Luís,** *auteur*, Prado 72, Habana.

Son ouvrage : *Desde el Zanjón hasta Baire*.

38. **FERNÁNDEZ, Dr. Juan Santos,** *médecin*, Directeur du Laboratoire bactériologique, Habana.

Collection de la *Crónica Médico-Quirúrgica*, depuis sa fondation en 1875.

39. **FÍGARO, El, Manuel S. Pichardo,** *éditeur*, Obispo 62, Habana.

Collection de la revue illustrée et artistique *El Fígaro*, 1899.
Collection des numéros extraordinaires de *El Fígaro*, pendant les 16 ans de sa publication.

40. **GONZÁLEZ AGUIRRE, José,** *éditeur,* Zulueta 32, Habana.

Revista tabacalera de Cuba *El Tabaco* (Revue de l'industrie du tabac).

41. **LA AURORA DEL YUMURÍ, Francisco Girón,** *éditeur,* Independencia 12, Matanzas.

Deux volumes de la collection du journal quotidien *Aurora del Yumurí,* de 1831 et de 1897 ; c'est le journal le plus ancien de Cuba.

42. **LICEO DE MATANZAS,** Matanzas.

El Album de Matanzas, 2 volumes.
El Ateneo de Matanzas, 1 volume.
Tipos y Costumbres, 1 volume.
La Semana, 1 volume
El Liceo de Matanzas, 1 volume.

43. **LÓPEZ, Dr. Enrique,** *médecin,* O'Reilly 56, Habana.

Archivos de la Policlínica, de 1899.

44. **LÓPEZ, José,** Imprimerie et librairie *La Moderna Poesia,* Obispo 135, Habana.

Elementos de Aritmética y Algebra, par Antonio Lora.
Curso de Química, par Enrique Poey.
Curso elemental de Agricultura, par José Cadenas.
Memorias de la Asociación de dependientes del comercio de la Habana.

45. **MARÍN VARONA, José,** *musicien.* Obrapia 67, Habana.

Six danses cubaines :

Camagüeyana.
Oriental.
Borincana.
Novelita.
Intima.
Gitanilla.

46. **POEY, Andrés,** Directeur de l'Observatoire Météo-
rologique de la Havane, Membre de la Société
Météorologique de France, de la Société Zoologique
d'Acclimatation, Correspondant de l'Académie des
Sciences de Dijon, de la Société d'Agriculture de
Lyon, de la Société des Sciences naturelles de
Cherbourg, de la Société Ethnologique de New
York, de la Société Universelle pour l'encourage-
ment des Arts et de l'Industrie de Londres, etc.,
etc., Paris.

Ses ouvrages :

M. Littré et Auguste Comte.

Répartition Géographique.

Appel aux Météorologistes.

*Relación de los trabajos físicos y meteorológicos hechos por
Don Andrés Poey tanto en la Habana como en Europa.*

La crise : Un monde qui se transforme.

Le Positivisme.

*Travaux sur la météorologie, la physique du Globe en
général et sur la climatologie de l'île de Cuba et des
Antilles.*

Comment on observe les nuages pour prévoir le temps.

Les courants atmosphériques.

Aurore boréale-orientale observée à la Havane.

*Relación del gran terremoto acaecido el 13 y 16 de
agosto de 1868.*

Constitution des halos observés à la Havane.

Plusieurs brochures.

47. **POR LA MUJER, Concepción Boloña de
Sierra,** *éditeur,* Habana.

Revue dédiée aux femmes.

48. **REPÚBLICA CUBANA, La, Domingo Figarola
Caneda,** *éditeur et fondateur,* 23 rue Bergère, Paris.

Collections complètes des journaux hebdomadaires
illustrés *La República Cubana* et *La République
Cubaine,* publiés par lui à Paris, en langues espagnole et française, pendant la guerre d'indépendance de Cuba.

49. **REVISTA DE FERROCARRILES, Francisco Caballero**, *éditeur*, Monte 63, Habana.

Revue de Chemins de fer, paraissant deux fois par mois. Organe officiel de la Société de Secours Mutuels des Employés des Chemins de fer de Cuba.

La Commission de Cuba a reçu aussi les journaux suivants :

AVISADOR COMERCIAL, El, Juan López Seña, *éditeur*, Amargura 30, Habana.

Journal quotidien de commerce.

CARICATURA, La, Manuel Rodríguez, *éditeur*, Galiano 116, Habana.

Journal hebdomadaire illustré.

COMERCIO, El, Ernesto Lecuona, *éditeur*, Baratillo 1, Habana.

Journal de commerce et d'information paraissant deux fois par jour.

CRITERIO LIBRE, El, Alberto Pimentel, *éditeur*, Aguiar 55, Habana.

Journal politique.

CUBA, LA ISLA DE, The Island of Cuba Publishing Co, O'Reilly 42, Habana.

Revue mensuelle illustrée en espagnol et en anglais.

CUBANO, El, Míguel Zaldívar, *éditeur*, O'Reilly 37, Habana.

Journal politique quotidien.

DIARIO DE LA MARINA, Nicolás Rivero, *éditeur*, Zulueta esquina á Neptuno, Habana.

Journal d'information en espagnol et en anglais, paraissant deux fois par jour ; fondé en 1839.

ESCUADRA, La, J. N. Rodríguez Feo, *éditeur,*
Cienfuegos.

Journal maçonnique paraissant deux fois par mois.

GACETA DE LA HABANA, Teniente Rey 23, Habana.

Journal officiel quotidien du Gouvernement de Cuba.

HAVANA POST, C. E. Fisher, *éditeur,* Progreso 1,
Habana.

Journal quotidien en langue anglaise.

HERALDO DE CÁRDENAS, Laborde 18, Cárdenas.

Journal politique quotidien.

IMPARCIAL, El, Carlos Fernández Barreiro, *éditeur,* Colon.

Journal d'information paraissant deux fois par semaine.

INDEPENDENCIA, La, Sotero Figueroa, *éditeur,*
Cuba 23, Habana.

Journal politique quotidien.

INDEPENDENCIA, La, Santiago de Cuba.

Journal politique quotidien.

LUCHA, La, Antonio San Miguel,, *éditeur,* O'Reilly
9, Habana.

Journal politique quotidien en espagnol et en anglais;
fondé en 1884.

NACIÓN, La, General Enrique Collazo, *éditeur,*
Prado 89, Habana.

Journal politique quotidien en espagnol et en anglais.

NUEVO PAÍS, El, Ricardo del Monte, *éditeur,*
Teniente Rey 39, Habana.

Journal politique paraissant deux fois par jour.

OBRERO, El, Avelino A. Santa Clara, *éditeur,* Colón.

Journal politique paraissant deux fois par semaine.

PATRIA, Diego V. Tejera, *éditeur,* Amargura 32,
  Habana.

Journal politique paraissant deux fois par jour.

PROVINCIA, La, Juan Soler, *éditeur,* Pinar del Río.

Journal politique paraissant deux fois par semaine.

**REVISTA DE CONSTRUCCIONES Y AGRIMEN-
  SURA,** Jesús María 112, Habana.

Revue mensuelle illustrée, pour les architectes, ingénieurs et arpenteurs.

TRABAJO, El, Independencia 55, Sancti Spiritus.

Journal politique paraissant trois fois par semaine.

TRIUNFO, El, Eugenio Alvarez, *éditeur,* Gibara.

Journal politique paraissant deux fois par semaine.

TRIUNFO, El, Francisco P. Sánchez, *éditeur,* Asun-
  ción 29, Guanabacoa.

Journal politique hebdomadaire.

UNIÓN ESPAÑOLA, La, Isidoro Corzo, *éditeur,*
  Teniente Rey 38, Habana.

Journal d'information paraissant deux fois par jour.

VIGILANTE, El, Manuel Alvarez, *éditeur,* Mártires 71,
  Guanajay.

Journal politique paraissant deux fois par semaine.

VILLAS, Las, Manuel N. Balmaseda, *éditeur,* Remedios.

Journal fondé pendant la guerre par le général
Francisco Carrillo, chef du 4e corps de l'armée
cubaine. Paraît trois fois par semaine.

VUELTABAJERO, El, Diego Salazar, *éditeur,*
  Recreo 49, Pinar del Río.

Journal politique paraissant deux fois par semaine.

CLASSE 14

Cartes et Appareils
de géographie et de cosmographie
Topographie.

EXPOSANTS DE LA CLASSE 14

1. **CHAO, Viuda é hijos de,** *éditeurs*, Zulueta 28, Habana.

   Carte de l'île de Cuba sur toile.

2. **MENÉNDEZ, Antonio E.,** *auteur*, Santo Tómas 57, Cerro, Habana.

   Cuba en la cartera (Cuba dans le portefeuille); ouvrage sur la topographie de Cuba avec des renseignements sur ses villes, villages, etc.

3. **PEÑAS, Germán González de las,** *professeur*, Habana.

   Carte de Cuba.

4. **VERANES, Dr. Felipe,** Santiago de Cuba.

   Carte de la zone minérale de l'Est et de l'Ouest de la province de Santiago de Cuba.

CLASSE 15

Instruments de précision.

EXPOSANTS DE LA CLASSE 15

1. **ARNALDO, Joaquín,** Virtudes 88, Habana.

   Cubicamètre.

CLASSE 16

Médecine et Chirurgie.

EXPOSANTS DE LA CLASSE 16

1. **MON, José María,** Independencia 58, Matanzas.
Bandage herniaire.

GROUPE IV

MATÉRIEL ET PROCÉDÉS GENÉRAUX
de la Mécanique.

CLASSE 20

Machines motrices diverses.

---

1. **SUÁREZ, Pedro R.**, *professeur*, Santa Catalina 47, San Antonio de los Baños.

   Appareil nommé *Progrès Universel : Mouvement Perpétuel*, qui remplace la vapeur.

   Plan et mémoire sur ce sujet.

GROUPE VI

GÉNIE CIVIL. -- MOYENS DE TRANSPORT

CLASSE 28

Matériaux, Matériel et Procédés du Génie civil.

EXPOSANTS DE LA CLASSE 28

1. **FERNÁNDEZ, Dr. Francisco M.,** Potrero San Francisco, Bolondrón.
   Chaux hydratée.

2. **L'ALMENDARES,** Société anonyme, Habana; et 19, rue Auber, Paris.
   Ciment.

3. **LANZA y Ca., Francisco,** Zulueta 42, Habana.
   Chaux vive de leurs carrières à San Lázaro.

CLASSE 29

Modèles, Plans et Dessins de Travaux publics.

———

EXPOSANTS DE LA CLASSE 29

1. **MEZA, Ramón,** Aguiar 100, Habana.
   Un plan : Proyecto de parque público en el centro de la Habana.

———

CLASSE 31

Sellerie et Bourrellerie.

———

EXPOSANTS DE LA CLASSE 31

1. **MÁRQUEZ, Pedro,** Pinar del Río.
   Licol.

2. **PALACIO y Ca, Francisco,** El Potro Andaluz, Teniente Rey 44, Habana.
   Selle appelée *Albarda Cubana,* avec son équipement.

———

GROUPE VII

AGRICULTURE

CLASSE 38

Agronomie. — Statistique agricole.

---

1. **BECERRA ALFONSO, Dr. Pedro,** *médecin,* Paso Real de San Diego.

   Mémoire : *Fomento y Progreso de la Provincia de Pinar del Río.*

   Mémoire sur plusieurs produits de Pinar del Río.

CLASSE 39

Produits agricoles alimentaires d'origine végétale.

---

1. **ALEGRAUT, Antonio,** José Martí 2, Jovellanos.

   Ignames nommés *Ñames voladores* (tubercules).

2. **CAMACHO, Manuel,** Pinar del Río.
   Maïs.
   Arachides.

3. **DANTÍN, General Clemente,** Bolondrón.
   Vanille sylvestre (Ciénaga de Zapata).

4. **DOMÍNGUEZ, Eugenio,** Sabanilla del Encomen-
   dador.
   Riz.

5. **LABORIE, Edmond,** Carlos Rojas.
   Yucaína (tubercules).

6. **GIBERGA, Benjamin,** Campanario 131, Habana.
   Café *Caracolillo* de Santiago de Cuba.
   Cacao.

7. **MÁRQUEZ, Pedro,** Pinar del Río.
   Graine de sésame.

8. **PÉREZ, P. J.,** Baracoa.
   Cacao.

9. **PIEDRA, Joaquín,** Matanzas.
   Canne à sucre cristalline de la plantation *Felíz,* à
   Bolondrón.

10. **QUESADA, Gonzalo de,** Habana.
    Café *Caracolillo* de Santiago de Cuba.
    Cacao.

11. **SALAS, Francisco,** O'Donnell 76, Cárdenas.
    Fourrage sec fait avec de l'herbe de Paraná.

12. **SIMÓN y Ca, J.,** Baracoa.
    Spécimens de noix de coco.

LE SAN JUAN (MATANZAS)

CLASSE 40

Produits agricoles alimentaires d'origine animale.

EXPOSANTS DE LA CLASSE 40

1. **ROMERO ESPINOSA, Manuel,** Bolondrón.
Viande en poudre.

CLASSE 41

Produits agricoles non alimentaires.

EXPOSANTS DE LA CLASSE 41

1. **COMPAÑÍA DE LAS ISLAS CAYO CRUZ Y CAYO ROMANO.**
Plantes textiles.

Exposition collective composée de :

2. **ALVAREZ, Eugenio,** Gibara.
Cuba ou *Guana* (Lagetta lintearia).

3. **BAZÁN, Rogerio,** Puerto Principe.
Cuba : Guana ou *Daguilla.*

4. **BECERRA Y ALFONSO, Dr. Pedro,** Paso Real de San Diego.
Epis de macío.

5. **CALAFORRA, Primo,** Nuevitas.
Fibres textiles.

6. **GAZEL, V.,** *commerçant,* 21 rue Bergère, Paris.
Cuba ou *Guana.*

7. **LABORIE, Edmond,** Carlos Rojas.
Coton.
Plante textile *Sansiveria,* de la plantation *Santa Rosalía.*

8. **LAMA, Andrés,** Nuevitas.
Cuba ou *Guana,* première et seconde classe.

9. **LÓPEZ VALDÉS, Ambrosio V.,** San Ambrosio 58, Matanzas.
Spécimens d'espino, de maguey, d'estropajo (Luffa cylindrica), de macío, de peonía.

10. **LÓPEZ, Victor,** Nuevitas.
Cuba ou *Guana,* première qualité.

11. **MADDEN, Carlos C. J.,** Cárdenas.
Henequen (filaments).

12. **RIVERO, Ramon,** Gibara.
Cuba ou *Guana.*

13. **SÁNCHEZ, Emiliano,** Bolondrón.
Plante textile *Lengua de vaca* (Sansiveria) et filaments.

14. **SIMÓN γ Ca, J.,** Baracoa.
Huile de coco.
Bagasse résultant de l'extraction de l'huile de coco.

15. **TORRE γ Ca,** Gibara.
Cuba ou *Guana.*

CLASSE 42

Insectes utiles et leurs produits.
Insectes nuisibles.

EXPOSANTS DE LA CLASSE 42

1. **ESTACIÓN AGRONÓMICA,** Pinar del Río.
Insectes nuisibles au tabac.

Exposition collective composée de :

2. **ACOSTA, Diego,** General Lope Recio 38, Puerto
   Príncipe.
   Ruches d'abeilles.

3. **AGRAMONTE, Sixto,** Jagüey Grande.
   Miel d'abeilles.

4. **GARCÍA VIETA, Dr Gonzalo,** Cienfuegos.
   Ruches d'abeilles de l'apiaire *Patria.*

5. **HAMEL, J. B.,** Pinillos 58, Cárdenas.
   Miel d'abeilles.

GROUPE VIII

HORTICULTURE ET ARBORICULTURE

CLASSE 43

Matériel et Procédés d'horticulture et de l'arboriculture.

EXPOSANTS DE LA CLASSE 43

1. **VERANES, Dr. Felipe,** Santiago de Cuba.
Guayo ou grattoir : Appareil pour broyer le manioc.

CLASSE 46

Arbres, arbustes, plantes et fleurs d'ornement.

EXPOSANTS DE LA CLASSE 46

1. **MÁRQUEZ, Pedro,** Pinar del Río.
Feuilles de palmier et autres produits végétaux.

GROUPE IX

FORÊTS - CHASSE - PÊCHE - CUEILLETTES

CLASSE 50

Produits des exploitations et des industries forestières.

---

5. **GENÍN, Luis,** Caibarién.

Ecorces de manglier rouge.

6. **LÓPEZ Y VALDÈS, Ambrosio V.,** San Ambrosio
   58, Matanzas.

Objets manufacturés avec l'estropajo (Luffa cylindrica), tels que : Porte-montres, éventails, etc.

7. **MÁRQUEZ, Ldo. Pedro,** Pinar del Río.

Bois du pays.

8. **PÉREZ CUESTA, Angel,** Portillo 72, Caibarién.

47 spécimens de bois du pays.

9. **ROJAS, Andrés Pío,** Remedios.

Spécimens de bois *Ácana*.

10. **SEIGLIE, Juan,** Remedios.

Collection de bois divers sous forme de boîtes pour
conserves de goyave.

11. **VELAZCO, Nazareno,** Cisneros 22, Puerto Príncipe.

Tasse de noix de coco.

CLASSE 52

Produits de la Chasse.

EXPOSANTS DE LA CLASSE 52

1. **CADENAS, Manuel P.,** Martí 21, Puerto Príncipe.

Objets en corne faits en campagne.

CLASSE 53

Engins, Instruments et Produits de la Pêche. Aquiculture.

EXPOSANTS DE LA CLASSE 53

Exposition collective composée de :

1. **ACADEMIA DE CIENCIAS,** Cuba 84 A., Habana.
   Collection de 15 objets de son Musée Ichtyologique.
   Une tortue d'écaille.
   Une mâchoire à requin.

2. **AGUILERA, Indalecio,** Avellaneda 125, Puerto Príncipe.
   Tortue d'écaille disséquée.

3. **ÁVALOS, Agustín,** Santa Cruz del Sur.
   Ecaille de tortue.

4. **BESCÓS, Carlos,** Amistad 124, Habana.
   Eponges fines femelles de Batabanó, naturelles et blanchies.

5. **CADENAS, Manuel P.,** Martí 21, Puerto Príncipe.
   Objets en écaille.

6. **JOVER Y BALMASEDA, Juan,** Falero 33, Caibarién.
   124 spécimens d'éponges.

7. **LALOUX, Henri,** Batabanó.
   Eponges commerciales et curiosités de la mer.

8. **ORTEGA, José,** Puerto Príncipe.
   Une tortue d'écaille.

9. **QUADRENY, Julián,** Batabanó.
   Eponges diverses.
   Curiosités de la mer.

10. **ROBAU, Pedro,** Calle Escobar, Caibarién.

Ecaille de tortue sans polir.

11. **SOCIÉTÉ DE COMMERÇANTS ET EPONGEURS DE BATABANÓ,** Asociación de Comerciantes y Esponjeros de Batabanó. (Messieurs Pablo Oms, Pablo Andreys, Javier Gardet, Camilo Mermin et Jorge Nicolet).

Collection d'éponges et de curiosités de la mer. Cuir de limantin (*manatí*).

12. **XIQUÉS, José R.,** Santa Cruz del Sur.

Une tortue d'écaille.

L'ARIGUANABO, DISPARAISSANT DANS LA TERRE

GROUPE X

ALIMENTS

CLASSE 55

Matériel et Procédés des industries alimentaires.

Exposition collective composée de :

1. **BIELSA y Ca.** Habana.
   Appareil frigorifique (glacière).

2. **CASTAÑER, Joaquín,** Matanzas.
   Vues photographiques des édifices et des machines de la plantation à sucre *Luisa*, à Carlos Rojas.

3. **PIEDRA, Joaquín,** Matanzas.
   Vues photographiques des édifices et des machines de la plantation à sucre *Feliz*, à Bolondrón.

4. **ROBATO Y BEGUIRISTAÍN,** Sagua la Grande.
   Vue de la distillerie *El Infierno* (tableau à l'huile) ; mouvement d'affaires.

5. **TROPICAL, La,** Brasserie, Puentes Grandes, Habana.

Vues photographiques des édifices et des machines de la Brasserie *La Tropical* à Puentes Grandes.

Récompenses aux Expositions de Londres 1896 et Bruxelles 1897.

CLASSE 56

Produits farineux et leurs dérivés.

EXPOSANTS DE LA CLASSE 56

Exposition collective composée de :

1. **GIBERGA, Benjamin,** Campanario 131, Habana.
Tarte de cassave.

2. **LABORIE, Edmond,** Carlos Rojas.
Fécule de yuccaine.

3. **LEDO y Ca., José,** Real 9, Esperanza.
Amidon de manioc.

4. **LÓPEZ, Cornelio,** Avenida de la Libertad 74, Puerto Príncipe.
Amidon de manioc.

5. **PAZ REGO, Pedro,** San Ignacio 14, Habana.
Rafraichissements de farine de fruits.

6. **ROMERO ESPINOSA, Manuel,** Bolondrón.
Farine de bananes vertes.

CLASSE 57

Produits de la boulangerie et de la patisserie.

EXPOSANTS DE LA CLASSE 57

1 . **VILAPLANA, GUERRERO γ Ca.**, San Miguel 117 y 119, Habana.
Biscuits.

CLASSE 58

Conserves de viandes, de poissons, de légumes et de fruits.

EXPOSANTS DE LA CLASSE 58

1 . **FORTÚN, Gabriel,** Lugareño 84, Puerto Príncipe.
Bananes tapées.

CLASSE 59

Sucres et Produits de la confiserie. Condiments et stimulants.

EXPOSANTS DE LA CLASSE 59

1 . **ABREU, Vicente G.,** San José 17, Santa Clara.
Sucres de la plantation *Central San Antonio,* à Santa Clara.

2 . **BERENGUER, Herederos de,** Santa Clara.
Sucres de la plantation *Central Pastora,* à San Juan de las Yeras.

3. **COLLADO, Rufino,** Cienfuegos.

Sucres de première et de seconde qualité de la plantation *Central Andreita,* à Cruces.

4. **DÁVALOS. Antonio,** Independencia 64, Matanzas.

Confitures diverses de goyave en boîtes.

5. **DÍAZ PENDÁS, Manuel,** Matanzas.

Sucre centrifuge de la plantation *Ficarita,* à Bolondrón.

6. **ECHEZARRETA, José,** San José de las Lajas.

Confitures de goyave.

7. **ESTAPÉ y Ca., José,** *La Sin Igual,* Lamparilla 16,
Habana.

Confitures de goyave en boîtes et en petits seaux.
Conserves de fruits cubains en flacons.
Médailles d'or aux Expositions de Matanzas en 1872
et 1881 et de Vienne en 1873.

8. **ESTÉVEZ, Marta Abreu de,** Prado 72, Habana.

Sucres de la plantation *Central San Francisco,* à Las
Cruces.

9. **FERNÁNDEZ DE CASTRO, Rafael,** Habana.

Sucres de la plantation *Nuestra Señora del Carmen,* à
Jaruco.

10. **GARCÍA ALONSO, José,** San Francisco 54,
Matanzas.

Vinaigre d'ananas et de tamarin.

11. **GARCÍA, LLANA y Ca,** Matanzas.

Sucre centrifuge de la plantation *Valiente,* à Alacranes.

12. **GARCÍA Y MACHADO, Tranquilino,** Real 19,
Esperanza.

Crème de goyave.

13. **GÓMEZ y Ca., Pablo,** *La Colosal,* Fortún 62, Caibarién.

Chocolats et confitures de goyave.

14. **GRIMAL, J.,** Calzada del Monte 345 y 347, Habana.

Confitures des marques *Tomasita* et *Andreíta*.

Médailles d'or aux Expositions de Matanzas (1872) et de Philadelphie (1876).

15. **LEDO y Ca., José,** Real 9, Esperanza.

Confiture de goyave.

16. **LÓPEZ, Faustino,** Obispo 51, Habana.

Chocolats de la manufacture *El Moderno Cubano.*

17. **LUBIÁN, Rafael,** Marta Abreu 20 y 22, Santa Clara.

Fruits confits.

18. **LLANA y Ca,** *Raffineurs de Sucre,* Comercio 10 y 11, Matanzas.

Sucre raffiné.

19. **MONTELO, Marqués de,** Matanzas.

Sucres de la plantation *San Cayetano,* à la Cidra.

20. **MORALES, Dr. Sebastián Alfredo de,** Matanzas.

Thé cubain.

21. **MUÑOZ DEL MONTE, Adolfo,** Ingenio *Las Cañas,* Alacranes.

Sucres centrifuges de la plantation *Las Cañas.*

22. **PAZ REGO, Pedro,** San Ignacio 14, Habana.

Mélasse de canne à sucre.

23. **PEDEMONTE y Ca.,** Pinillos 88, Cárdenas.

Sucres de la plantation *Central Por Fuerza,* à Calimete.

24. **PIEDRA, Joaquín A.,** Felíz Sugar Cº, Matanzas.

Sucre centrifuge et sucre de mélasse de la plantation *Felíz,* à Bolondrón.

25. **QUESADA, Gonzalo de,** Habana.

Echantillons de sucres divers.

26. **RABEL y Ca.,** *Raffineurs de Sucre,* Cárdenas.
Sucre raffiné.

27. **RABENTÓS, HERMANO y Ca, Viuda de,** Compostela 70 y 72, Habana.
Confitures de la marque *Segundo Pavo Real.*
Récompenses aux Expositions de Boston, Bruxelles, Nouvelle-Orléans, Paris, Barcelone et Toronto.

28. **SAÍNZ, José,** Matanzas.
Sucres de la plantation *San Vicente,* à Jovellanos.
Mélasse.

29. **SALINAS DE PUNTA HICACOS,** Cárdenas.
Sels marins.

30. **SÁNCHEZ HERMANOS,** Guabajaney, Gibara.
Sucres de la plantation *Central Santa Lucía,* à Guabajaney.

31. **SARDIÑA, ANASTASIO Y SEPTIMIO,** Ruíz 106, Cárdenas.
Sucres centrifuges de la plantation *Reglita,* à Cárdenas.

32. **SEIGLIE, Juan,** Pedro Díaz 12, Remedios.
Confitures de goyave.

33. **SOLER, Leandro,** Matanzas.
Sucres de la plantation *Central Santa Filomena,* à Corral Falso de Macurijes.

34. **TERRY Y HERMANO, Emilio,** Lajas.
Sucres de la plantation *Central Caracas,* à Lajas.

35. **TOLÓN y Ca., S., T.,** *Raffineurs de Sucre,* Cárdenas.
Sucres raffinés.

36. **URRÓZ Y OYARZÚN,** Sagua la Grande.
Chocolats à la canelle, homéopathiques, spéciaux, en poudre. etc.
Cacao.

37. **VILAPLANA, GUERRERO γ Ca.,** San Miguel
117 y 119, Habana.

Confitures de goyave. Fruits confits. Caramels. Chocolats.

CLASSE 60

Vins et Eaux-de-vie de vin.
Vins mousseux.

EXPOSANTS DE LA CLASSE 60

1. **ALDABÓ γ Ca., E.,** Calzada del Monte 427, Habana.
Cognac.

2. **PÍ γ Ca., Esteban,** *La Nueva Gerona*, Martí 34
y 36, Caibarién.
Cognac *Trois-Étoiles.*

CLASSE 61

Sirops et Liqueurs. — Spiritueux divers.
Alcools d'industrie.

EXPOSANTS DE LA CLASSE 61

1. **ABREU, Vicente G.,** San José 17, Santa Clara.
Eau-de-vie de la plantation *Central San Antonio.*

2. **ALDABÓ γ Ca., E.,** Calzada del Monte 427, Habana.
Liqueurs, alcools et rhums : crema habanera, crema de
cacao, vermouth aromático, ron escarchado, Old
rhum, ron superior, anisete superfino, alcohol de
caña destufado.
Médailles d'or, diplômes, etc., aux Expositions de
Chicago (1893), Bruxelles (1897), Londres (1897) et
Jérusalem (1898).

3. **ALVAREZ ORTÍZ, Dr. Rafael,** San Miguel 260, Habana.

Eau-de-vie et alcool.

4. **ARECHABALA, José,** Garnica 15, Cárdenas.
Eau-de-vie.
Alcool.
Rhum.

5. **ARTÍZ, Antonio M.,** Falgueras 8, Habana.

Liqueurs : crème de cacao, á la vanille, rhum sucré, genièvre sucré, anisette sucrée, marasquin et rhum.

6. **BACARDÍ y Ca.,** Marina Baja 32, Santiago de Cuba. Maison fondée en 1862.

Rhum *Bacardí.*

Médailles d'or aux Expositions de Madrid (1870), Philadelphie (1876), Barcelone (1880), Matanzas (1881), Paris (1889) et Chicago (1893) et diplôme d'honneur à Bordeaux (1895).

7. **BERENGUER, Herederos de,** Santa Clara.

Alcools de la plantation *Central Pastora.*

8. **ECHEVARRÍA y Ca.,** Calle de la Nueva Marina, Cárdenas.
Eau-de-vie.
Alcool.

9. **FERNÁNDEZ ENRÍQUEZ, Antonio,** San Indalecio 15, Habana.

Vin doux, vin blanc et vin sec, d'ananas.
Nectars de cocossol, de goyave, de maméi rouge, de mangue, d'orange, d'ananas et de melon.

10. **LÓPEZ Y RODRÍGUEZ, Manuel,** Castillo 120 y 122, Cienfuegos.

Rhum supérieur *La Perla del Sur.*
Médaille d'or à l'Exposition de Santa Clara, 1889.

11. **LLANA y Ca.,** Comercio 10 y 11, Matanzas.
Alcools.

12. **OYARZÁBAL, Patricio,** Colón.

Eau-de-vie.

13. **PAZ REGO, Pedro,** San Ignacio 14, Habana.

Vermouth de canne à sucre.

14. **PEDEMONTE y Ca.,** Pinillos 88, Cárdenas.

Eau-de-vie et rhums de la distillerie *La Paz.*

15. **PÍ y Ca., Esteban,** *La Nueva Gerona,* Martí 34 y 36, Caibarién.

Liqueurs :

Anisette du Morro. Rhum clarete. Vermouth système *Torino.*

16. **ROBATO Y BEGUIRISTAÍN,** Sagua la Grande.

Alcool, rhum, punch *San Jacobo,* crèmes de cognac et de cacao, liqueur d'ananas.

Médailles d'or aux Expositions de Barcelone (1880) et de Chicago (1893).

17. **RODRÍGUEZ y Ca.,** Velasco 20, Cienfuegos.

Rhum *Media Carta, 1880.*

18. **SAÍNZ, José,** O'Reilly 31, Matanzas.

Eau-de-vie.

CLASSE 62

Boissons diverses.
Cidres. — Eaux gazeuses artificielles.

EXPOSANTS DE LA CLASSE 62

Exposition collective composée de :

1. **ALDABÓ, y Ca. E.,** Calzada del Monte 427, Habana.

Cidre à la champagne.
Champagne de banane.

142

2. **CRUSELLAS, HERMANO γ Ca.,** Calzada del Monte 312 á 316, Habana.
Cidre champagnisé.
Champagnes de banane, de citron et de fraise.
Eaux gazeuses artificielles.

3. **FERNÁNDEZ DE CASTRO, Fèlix,** Central Nuestra Señora del Carmen, Jaruco.
Cordial *Margarita* (liqueur).

4. **GARCÍA ALONSO, José,** San Francisco 54, Matanzas.
Cidre de tamarin.
Vin d'ananas.
Vin d'ananas et d'anacarde.

5. **LABORIE, Edmond,** Carlos Rojas.
Extrait de l'orange amère.

6. **PAZ REGO, Pedro,** San Ignacio 14, Habana.
Vin fortifiant stomacal.

7. **PIJUAN Y HERMANO,** Merced 35, Puerto Príncipe.
Eau-de-vie d'anacarde (Marañón).
Crème de maméi.

GROUPE XI

MINES — MÉTALLURGIE

CLASSE 63

Exploitations des Mines, Minières et Carrières. Matériel, Procédés et Produits.

EXPOSANTS DE LA CLASSE 63

1. **ACADEMIA DE CIENCIAS,** Cuba 84 A., Habana.
   Minéraux de El Cobre, Santiago de Cuba.
   Stalactites des Grottes de Bellamar, à Matanzas.

2. **ALVAREZ, Gervasio,** Matanzas.
   Stalactites des Grottes de Bellamar.

3. **BAZÁN, Javier,** Puerto Príncipe.
   Coupe géologique du Camagüey.

4. **BECERRA y Alfonso, Dr. Pedro,** Paso Real de San Diego.

Marbres blanc, bleu, gris, jaspe, avec des veines. Albâtre.

Guano de chauve-souris de la grotte *Cueva del Indio,* dans les terrains du comte d'O'Reilly, à San Diego de los Baños.

Huile de naphte.

5. **BERTRAM, Joaquín,** Avellaneda 61, Puerto Príncipe.

Guano de chauve-souris, des Grottes de la Sierra de Cubitas, usé pour faire de la poudre dans les deux guerres d'indépendance.

6. **BETANCOURT, Roberto A.,** San Francisco 12, Puerto Príncipe.

Minerai de la mine *Nena.*

7. **BOUZA, Laureano,** Faife 11, Caibarién.

Asphalte de la mine *El Porvenir,* à Calabazar, près Sagua la Grande.

8. **CADENAS, Manuel P.,** Martí 21, Puerto Príncipe.

Pierres et minerai.

Asphalte.

9. **COFFIGNY, Alfredo,** O'Reilly 41, Matanzas.

Asphalte de la mine de la plantation *Central Santa Catalina,* à Recreo.

10. **CORONA, Rafael,** Caibarién.

Asphalte des mines de Jatibonico.

11. **CRUZ DOMÍNGUEZ, Manuel,** Jovellanos.

Pierres des carrières de Gobel.

12. **CUBAN MINING Co.,** Henry Adams, Surintendant, Nuevitas.

Minerais de cuivre et de fer.

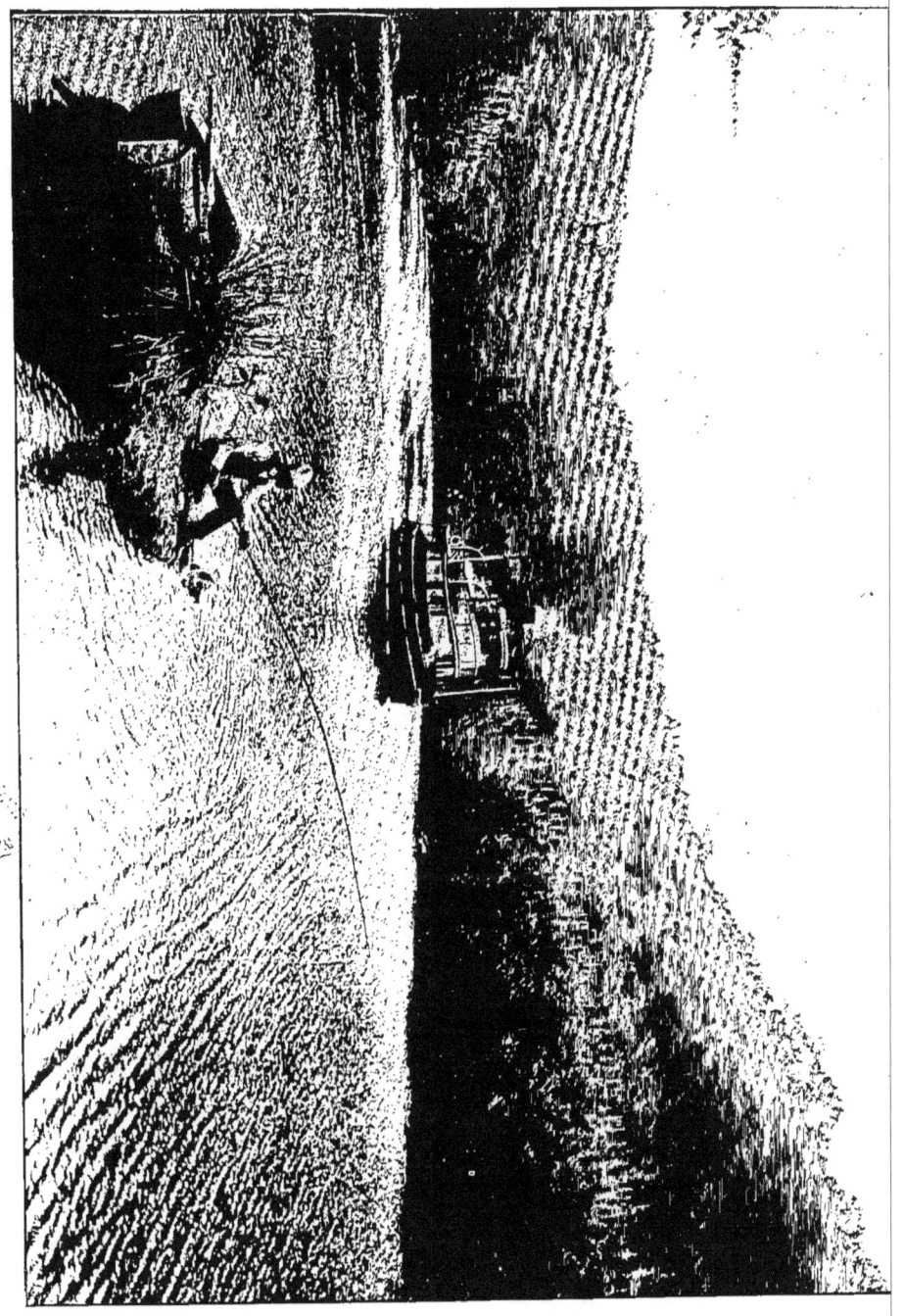

LE CANIMAR

13. **CUETO, Manuel,** Ruiz 31, Cárdenas.

Naphte des mines de Motembo.

14. **DÍAZ ARGÜELLES, Francisco,** Maire, Máximo Gómez.

Asphaltes.

15. **ESCUELAS PÍAS,** Guanabacoa.

Pierres et minéraux.

16. **ESCUELAS PÍAS,** Puerto Príncipe.

Pierres et minéraux.

17. **FERNÁNDEZ LLEBREZ, Arturo,** Independencia 85, Matanzas.

Stalactites des Grottes de Bellamar.

18. **FERRER, Pedro,** Obispo 57, Habana.

Guano de diverses couleurs.

19. **FUNNELL, SMITH y ROVIROSA,** Cuba 29, Habana.

Asphalte solide de la mine *Evelina.*
Cuivre de la mine *Casualidad,* à Cacarajícara.

20. **GALLEGO, Messa y Ca.,** Santiago de Cuba.

Guano des Grottes de Cativar.

21. **GUILLÉN, Manuel,** Maire, Holguín.

Spécimens d'or, cuivre, manganèse et talc des mines appartenant à Messieurs Santiago Canelles et Felipe Hernandez Oduardo.

22. **L'ALMENDARES,** Société anonyme, Habana ; et 19, rue Auber, Paris.

Ciment Portland de matières premières de Cuba.

23. **MÁRQUEZ, Pedro,** Pinar del Río.

Spécimens du sol pour la culture du tabac, des plantations Santa Fé, Santa Damiana, Santa Isabel et El Recuerdo, à San Juan y Martínez.
Guano de chauve-souris.

146

24. **MEDINA, Mariano,** *minéralogiste,* Matanzas.
Spécimens de pierres calcaires diverses, des carrières de Dubrocg.
Récompenses aux Expositions de Paris (1889) et de Londres avec les diplômes de mérite extraordinaire et mention honorable.

25. **MORATÓ AGRAMONTE, Esteban,** General Gómez 36, Puerto Príncipe.
Spécimen de 586 kilogrammes de fer magnétique de la mine *La Recompensa,* à un kilomètre de Puerto Príncipe.

26. **MORENO, Francisco,** San Antonio 8, Mayajígua.
Asphalte de la mine *Desengaño,* à Jatibonico.

27. **PAISAT, Manuel,** Maire, Caimito del Guayabal.
Asphalte solide.
Asphalte liquide.
Incrustations nitreuses.

28. **REYNALDOS, Rafael,** Ayllon 18, Cárdenas.
Asphalte liquide des mines de Motembo.

29. **ROJAS, P.,** Remedios.
Asphalte.

30. **SARDÁ, Viuda de,** Nueva Gerona, Isla de Pinos.
Marbres.

31. **SARIOL, Pompeyo,** Calle de la República, Puerto Príncipe.
Minerai de Cromium Cromita.

32. **SERVIÁ, Justo,** Bolondrón.
Pierres des carrières de la plantation *Dos Mercedes,* de D. José María Galvez.
Guano de chauve-souris des grottes de la même plantation.

33. **SPANISH AMERICAN IRON CO,** Santiago de Cuba.
Minerai de fer des mines de Daiquirí.
Photographies des mines.

34. **VERANES, Dr Felipe,** Santiago de Cuba.

Spécimens de divers minerais de la province de Santiago de Cuba.

Photographies des mines en exploitation de Juraguá (Juraguá Iron Co.), Daiquirí (Spanish American Iron Co.), Sigua et El Cobre.

Cartes de la zone minérale Est et Ouest de la province de Santiago de Cuba.

35. **VILLA, Carlos,** Cárdenas.

Asphalte de la baie de Cárdenas (deux qualités).

36. **ZALDÍVAR, Consuelo,** Avellaneda 4, Puerto Príncipe.

Pierre, résidu de la combustion du bagasse de la canne à sucre. Opale. Fer chromé. Aimant naturel. Minerai d'argent. Pierre lithographique, craie, jaspe, roche granitique avec carbonate de cuivre hydraté.

37. **ZOZAYA y Ca.,** Escobar 7, Caibarién.

Minerai de fer de la plantation *Floridana*.
Asphalte de la plantation *Adela*.

CLASSE 65

Petite Métallurgie.
Matériel, Procédés et Produits.

EXPOSANTS DE LA CLASSE 65

1. **ALBERTI, Domingo,** Cárdenas.

Croix tubulaire en cuivre, tirée d'une seule pièce et façonnée au marteau.

GROUPE XII

DÉCORATION ET MOBILIER
des Edifices publics et des Habitations

CLASSE 66

Décoration fixe
des Édifices publics et des Habitations.
Menuiserie.

EXPOSANTS DE LA CLASSE 66

1. **BIELSA y Ca.,** Habana.
Mosaïques.

2. **CASTILLO, Pablo**, Matanzas.
Ouvrage de menuiserie, assemblage de deux pièces.

3. **DÍAZ, Vidal,** Mac Kinley esquina à Máximo Gómez,
Jovellanos.
Petite chaise en cèdre et en cuir.

4. **JUANTORENA Y GOÑI, José,** González 17, Jovellanos.
Petite charrette construite avec bois divers du pays.

5. **QUESADA, Gonzalo de,** Commissaire de Cuba.
Pavillon de Cuba et installation des produits.

6. **SOLER, Leandro,** Matanzas.
Attelage composé d'une charrette, de bœufs, un
ouvrier, canne à sucre, etc., construit de bois du
pays dans la plantation *Central Santa Filomena,*
par Enrique Brioso.

CLASSE 69

Meubles artistiques.

EXPOSANTS DE LA CLASSE 69

1. **BARRINAT, Viuda de Francisco,** Cárdenas.
Petit kiosque en bois du pays.

2. **CARRANZA, Manuel,** Obispo 119, Habana.
Boîte à éventail faite avec du bambou.

3. **LABORATORIO BACTERIOLÓGICO,** Habana.
Étui en bois du pays.

4. **LÓPEZ y Ca, Calixto,** Habana.
Kiosque en bois du pays.

5. **MARÍN, Leóncio,** Puerto Principe.
Nécessaire incrusté de 1176 morceaux de bois du
pays.

6. **PIANCA, José,** Manrique 10, Habana.
Kiosque en bois du pays pour les produits de la
Havana Commercial Company.

7. **SOLER, Leandro,** Matanzas,

Tiroir pour garder des échantillons de sucre, construit par Enrique Brioso, de la plantation *Central Santa Filomena*, avec 49 espèces de bois.

8. **VILA, RODRÍGUEZ γ Ca,** Vedado, Habana.

Buffet de salle à manger en bois de majagua.

CLASSE 72

Céramique.
Matières premières.
Matériel, Procédés et Produits.

EXPOSANTS DE LA CLASSE 72

1. **CAPDEVILA,** Antonia González, Viuda de, Vento.

Argile.
Briques rouges.
Poudre de briques.

2. **L'ALMENDARES,** Société anonyme, Habana ; et 19, rue Auber, Paris.

Briques.
Carreaux de faïence.

3. **QUEROL, Vicente,** Manzano 70, Matanzas.

Carreaux de faïence, manufacture de la plantation *Retribución*, à Martí.

GROUPE XIII

FILS, TISSUS, VÊTEMENTS

et Accessoires

CLASSE 81

Produits de la Corderie.

EXPOSANTS DE LA CLASSE 81

1. **COMPAGNIE DES ILES CAYO CRUZ ET CAYO ROMANO.**
Cordages.

2. **HEYDRICH, RAFFLOER y Ca,** Habana.
Cordages.

CLASSE 84

Dentelles, Broderies et Passementeries.

EXPOSANTS DE LA CLASSE 84

1. **AMOEDO, Mme Elisa,** Matanzas.
Mouchoirs brodés.

2. **ANGARICA, Mme Lucrecia A. de,** Habana.
Six mouchoirs brodés.
Serviettes.

3. **BARBARROSA, Mlle,** Paris.
Mouchoirs brodés.

4. **CURBELO, Mlle Margarita,** Habana.
Mouchoirs brodés.

5. **HERRERA, Mlle Saturnina,** Sagua la Grande.
Mouchoir de soie, brodé avec le portrait de José Martí.

Exposition collective composée de :

6. **LONGORIA, Mlle Alicia,** Gibara.
Mouchoirs brodés.

7. **MARESMA, Mlles Elisa é Isabel,** Obispo 86,
Cárdenas.
Broderies.

8. **MESTRE, Mme Isabel Urbízu de,** Paris.
Mouchoirs brodés.

9. **QUESADA, Mme Angelina Miranda de,** Habana.
Mouchoirs brodés.

10. **SAAVEDRA, Mme Dolores Urbízu de,** Paris.
Mouchoirs brodés.

11. **URBIZU, Mme Isabel Mendiola de,** Paris.
Mouchoirs brodés.

CLASSE 85

Industries de la Confection et de la Couture.

EXPOSANTS DE LA CLASSE 85

1. **GONZÁLEZ, Agustín,** Angel 29, Esperanza.
Robe de dame.

CLASSE 86

Industries diverses du Vêtement.

----

1. **ALVAREZ, Eugenio,** Gibara.
   Gilet en cuir de veau, fait en campagne.

2. **BIAGGI Y DÍAZ, Antonio,** Aguacate 124, Habana.
   Parapluies, ombrelles et en-tout-cas mécaniques tour-
   nants.
   Brevets d'invention à Cuba, Etats-Unis, France et
   Espagne.

3. **CABANAS, Enrique,** Obispo 125, Habana.
   Chemises, caleçons, cols et manchettes.

4. **CARRANZA, Manuel,** Obispo 119, Habana.
   Eventail en écaille, avec paysage cubain peint à
   l'aquarelle.

5. **CRUCET, Juan,** San Rafael 1, Habana.
   Chaussures en couleurs, vernies, etc., manufacturées
   avec des matériaux du pays.

6. **FERNÁNDEZ LONGA, José,** Bernaza 69, Habana.
   Chaussures mauresques.
   Ceinturon avec porte-montre.

7. **GARCÍA DE CORONADO, Domitila,** Habana.
   Eventails d'Espino. Fleurs manufacturées avec des
   écailles de poissons. Porte-montre d'écaille. Palmiers tissus. Dentelles de daguilla.

8. **LÓPEZ y Ca., Ramón,** Ricla 7, Habana.
   Chapeaux de paille.
   Casquettes de paille.

9. **MARSAL, María Luísa,** Concha 124, Cárdenas.
   Cadre de portrait en coquilles de mer.

10. **PARAJÓN, Viuda é hijo de F.,** Ricla 4, Habana.
Chapeaux de paille.

11. **PARDO, José,** Obispo 46, Habana.
Chemises, cols, manchettes.

12. **PÉREZ ROMERO, Francisca,** Obrapia 31, Habana.
Corset en soie, blanc.

13. **INTORIANO, Águeda Rizo de,** Cotorro, Santa María del Rosario.
Chapeau de yarey.

GROUPE XIV

INDUSTRIE CHIMIQUE

CLASSE 87

**Arts chimiques et Pharmacie.
Matériel, Procédés et Produits.**

EXPOSANTS DE LA CLASSE 87

1. **AGRAMONTE, Sixto,** Jagüey Grande.
   Cire.

2. **ALFONSO DE ARMAS. Telesforo,** Santa Isabel
   esquina à Santa Cruz, Cienfuegos.
   Bitume *Tabacalina.*

3. **ALVAREZ RODRIGUEZ, José,** Mercaderes 13,
   Habana.
   Pâte de chaux vive désinfectante et colorante.

4. **BARRINAT, Elvira Parravicini, Viuda de,** *pharmacien,* Colón 93, Cárdenas.

Baume de goudron, vin de quinium chlorhydrique pepsiné, crème antigastralgique et d'autres prépa‑ rations pharmaceutiques de Barrinat.

Prix aux Expositions de Matanzas (1881), Barcelone (1888) et Santa Clara (1889).

5. **BUENO, J. A.,** *pharmacien,* calle 7ª n° 93, Vedado, Habana.

Elixir de Kola-Bah ; vin de peptone phosphaté ; sirop pectoral ; capsules balsamiques *Neucki ;* élixir de vie selon la formule de Brown-Séquard.

6. **CASTELLS, Dr. Anselmo,** *pharmacien,* Empedrado 24, 26 y 28, Habana.

Emulsion d'huile de foie de morue avec hypophos‑ phites de chaux et de soude. Emulsion de créosote. Solution dosée d'iodure de potassium pur. Sirops d'hypophosphites de chaux, de lactophosphate de chaux, poly-bromuré, et protoiodure de fer selon la formule de Dupasquier.

7. **COTERA, Dr. Enrique J.,** *pharmacien,* San Fer‑ nando 72, Cienfuegos.

Vin de peptone.

8. **CRUSELLAS, Hermano γ Ca.,** Calzada del Monte 312 á 316, Habana.

Savons.

9. **FIGUEROA, Dr. Enrique,** *pharmacien,* Colón.

Injection cicatrisante.
Elixir anti-asthmatique.

10. **HAMEL, J. B.,** Pinillos 58, Cárdenas.

Cire.

11. **JONGH, Dr Pedro de,** Cárdenas.

Produits pharmaceutiques.

12. **LÓPEZ, Ldo. Alfonso,** Salud 46, Habana.

Vin Merrick.
Poudre dentifrice Colombine.

13. **LLEBREZ, Ldo. Arturo Fernández,** *pharmacien*, Independencia 85, Matanzas.

Produits pharmaceutiques.

14. **MÁRQUEZ, Miguel Jesús,** *pharmacien*, San Ignacio 29, Habana.

Magnésie aérée antibilieuse de Juan José Márquez.

Prix aux Expositions de Londres, Marseille, Chicago, Bruxelles, Gênes, Caire, etc.

15. **MORALES, Oswaldo,** Farmacia Bottino, San Basilio y Santo Tomás, Santiago de Cuba.

Produits pharmaceutiques.

16. **MORALES, Dr Sebastián A.,** *médecin*, Zaragoza 17, Matanzas.

Anonine (élixir anti-dyspeptique); Laurantine (élixir stomacal); Geranine (extrait végétal); Rob (purificateur du sang).

17. **PAEZ, Julio María,** Habana.

Matière colorante de la fleur *conchita azul*, spécimen de la fleur, et papier pour les épreuves.

18. **PAZ REGO, Pedro,** San Ignacio 14, Habana.

Préservatif contre la fièvre jaune.

19. **PÉREZ CARRILLO, Dr Alfredo,** *pharmacien*, Salud 36, Habana.

Glycérine.
Papayine.
Vin de Papayine de Gandul.
Vin de Xérès.

Treize grands prix à plusieurs expositions.

20. **RABELL, Rita Duque, Viuda de,** *pharmacien,*
San Miguel 82, Habana.

Emulsion à la créosote, huile de foie de morue pure,
créosote végétale de Maya avec l'hypophosphite de
chaux, vin régénérateur de noix de Kola, glycérine
et lactophosphate de chaux, magnésie calcinée.

21. **SABATÉS Y HERMANO,** Universidad 20, Habana.
Bougies stéariques.
Glycérine crude.
Glycérine raffinée.
Savons.

22. **TRIOLET, Dr Ernesto,** *pharmacien,* Matanzas.

Vin simple de quinquina; vin de quinquina ferrugi-
neux; injection cicatrisante; élixir digestif de
pepsine, pancréatiye et diastasée; sirops iodates
de fer et de café; élixir dentifrice; pilules de
copahu et de cubèbe; pilules fébrifuges; remède
pour les cors; remède pour les dents; et pommades
maduratives, antihémorroïdale et contre la calvitie.

23. **VERANES, Alfredo F.,** *chirurgien-vétérinaire,* Dragones 12, Habana.
Spécifique pour la guérison de la morve.

CLASSE 88

Fabrication du Papier.
Matières premières.
Matériel, Procédés et Produits.

EXPOSANTS DE LA CLASSE 88

1. **CASTRO, FERNÁNDEZ y Ca.,** Muralla 21, Habana.
Papiers divers de leur manufacture à Puentes
Grandes.

CLASSE 89

Cuirs et Peaux.
Matières premières.
Matériel, Procédés et Produits.

EXPOSANTS DE LA CLASSE 89

Exposition collective composée de :

1. **FERNÁNDEZ LONGA, José,** Bernaza 69, Habana.
   Cuir tanné.

CLASSE 90

Parfumerie.
Matières premières.
Matériel, Procédés et Produits.

EXPOSANTS DE LA CLASSE 90

1. **CRUSELLAS, Hermano y Ca.,** Calzada del Monte
   310 á 314, Habana.
   Tous les articles composant la parfumerie.
   Médailles d'or aux Expositions de Matanzas de 1872
   et 1881.

2. **GOVEA, Juan,** Gelabert 37, Matanzas.
   Eau tonique pour la tête.

3. **PAEZ, Julio María,** Habana.
   Parfum oriental, préparé avec fleurs du pays.

CLASSE 91

Manufactures de Tabacs et Allumettes chimiques. Matériel, Procédés et Produits.

————

1. **ALFONSO DE ARMAS, Telesforo,** Santa Isabel esquina à Santa Cruz, Cienfuegos.

   Cigarettes diverses des marques *El Indio, Patria Cubana, Cagliostro* et *Luz de Yara.*

   Tabac inférieur et bonifié avec la *Tabacalina.*

2. **ALVAREZ, Inocencio,** Ánimas 129, Habana.

   Cigares marque : *Romeo y Julieta.*

   Cette manufacture, fondée en 1865, produit 3 millions de cigares par an.

   Prix aux Expositions d'Anvers, Melbourne, Bruxelles, Paris.

3. **ANDREU, Francisco G.,** Magdalena 8, Matanzas.

   Cigares de la marque *Unión.*

4. **BESCÓS, Carlos,** Amistad 124, Habana.

   Cigares *La Flor de C. Bescós.*

   Tabac en feuilles.

5. **CAMACHO, Manuel,** Pinar del Río.

   Maison pour sécher le tabac.

6. **CARVAJAL y Ca., L.,** Dragones 4, 6 y 8, Habana.

   Cigares marque *Hija de Cabañas y Carvajal.*

   Manufacture fondée en 1797 ; elle fabrique 8 millions de cigares par an.

   Plusieurs grands prix et médailles d'or.

7. **EHLERS, Christian,** Gervasio 137, Habana.

   Cigares marques *La Gloria Cubana* et *Flor de Comondetta.*

VALLÉE DE TRINIDAD

8. **FERNÁNDEZ GONZALEZ, Manuel,** Estrella 96, Habana.

Cigares de la marque *La Sofía.* Fondée en 1888.

9. **HAVANA COMMERCIAL COMPANY,** Galiano 102, Habana.

Cigares des manufactures : *Miguel García Alonso, La Meridiana, La Africana, La Flor de Cuba, La Vencedora, A. de Villar y Villar, La Flor de Murias, La Flor de Inclán, La Carolina, La Comercial, La Antigüedad, La Rosa Aromática.*

Cigarettes des manufactures : *La Crema de Cuba, Pedro Murias, El Siboney, La Flor de Cuba, La Vencedora, A. de Villar y Villar.*

Cette compagnie a vendu l'année dernière 75.577.381 cigares dont la valeur était approximativement de 27 millions de francs. Dans la semence du tabac elle emploie à peu près 50.000 personnes, et 6.000 sont employées dans la manufacture des cigares. Presque toutes ses fabriques sont établies depuis plus de 60 années.

10. **HENRY CLAY & BOCK & Co., Limited,** Cuba 37, Habana.

Cigares des manufactures : *Henry Clay, Corona, Rosa de Santiago, Aguila de Oro, Flor de Naves, Intimidad, Estrella, La Española.*

Production annuelle : Plus de 85 millions de cigares.

Cigarettes des manufactures: *Legitimidad ; Aguila de Oro ; Honradez* et *Hidalguía, de Susini ; El Comercio ; Corona ; La Española ;* et *Henry Clay.*

Production annuelle : plus de 1,160 millions.
Capital social : 35,000,000 francs.
Récompenses dans toutes les expositions.

11. **LÓPEZ y Ca., Calixto,** Zulueta 48-50, Habana.
Cigares.
Cigarettes et tabac haché.
Tabac en feuilles.

Prix aux expositions d'Anvers 1885, Paris 1889, Chicago 1893 et Bruxelles 1897.

Cette manufacture, fondée en 1875, emploie 700 ouvriers dans la fabrication de cigares à la Havane; dans la province de Pinar del Río, elle emploie 3,000 colons dans la semence et récolte du tabac.

12. **MARTÍNEZ Y VIEJO, José María**, Guanajay.

Cigarettes de la marque *El Ciervo de Oro*.

13. **RODRÍGUEZ Y ROCHA,** San Miguel 100, Habana.

Cigares, marque *El Crepúsculo*.

Manufacture fondée en 1881. Elle manufacture 4 millions de cigares.

GROUPE XV

INDUSTRIES DIVERSES

CLASSE 92

Papeterie.
Matériel, Procédés et Produits.

EXPOSANTS DE LA CLASSE 92

Exposition collective composée de :

1. **CASTRO, FERNÁNDEZ y Ca.,** Muralla 21, Habana.
   Papiers réglés, cahiers, enveloppes, sacs, etc., de
   leur manufacture à Puentes Grandes.

2. **TORROELLA Y LÓPEZ,** *imprimeurs et relieurs,*
   San Ignacio 58, Habana.
   Livres de commerce : Journal, grand livre et caisse.

CLASSE 95

Joaillerie et Bijouterie.
Matériel, Procédés et Produits.

EXPOSANTS DE LA CLASSE 95

1. **MONTORO, Cándido,** Independencia 84, Matanzas.
   Briquet fait avec une semence appelée *chataigne de mer.*

CLASSE 98

Brosserie, Maroquinerie, Tabletterie et Vannerie.
Matériel, Procédés et Produits.

EXPOSANTS DE LA CLASSE 98

1. **AMOEDO, Dr Oscar,** 15 avenue de l'Opéra, Paris.
   Brosses à dents stérilisables pour adultes et pour enfants.

2. **AZCUY, José I.,** Candelaria.
   Balais de feuilles de palmier.

3. **MOREDA, Antonio,** San Severino 9, Matanzas.
   Balais divers.

4. **TRELLES, Carlos M.,** Matanzas.
   Plumeau fait avec filaments de corojo.

CLASSE 99

**Industrie du Caoutchouc et de la Gutta-Percha.
Matériel, Procédés et Produits.
Objets de Voyage et de Campement.**

———

1. **TEIJEIRO, Balbino,** Gelabert 151, Matanzas.
Malle et valise, à serrure secrète.

———

CLASSE 100

Bimbeloterie.

———

1. **VILLAVICENCIO DE MENÉNDEZ,** Aurora,
Obispo 53, Habana.
Poupée de soie.

———

GROUPE XVI

ÉCONOMIE SOCIALE

HYGIÈNE, ASSISTANCE PUBLIQUE

———

CLASSE 103

**Grande et petite Industrie.
Associations coopératives de production
ou de crédit.
Syndicats professionnels.**

———

EXPOSANTS DE LA CLASSE 103

1. **HAZA, Francisco,** Jesús del Monte 80, Habana.

Proyecto de banco urbano territorial que deberá
establecerse en la Habana, Cuba, y en las naciones
extranjeras.

———

CLASSE 109

Institutions de prévoyance.

1. **SEGURA Y CABRERA, Andrés,** San Miguel 180, Habana.

   Son ouvrage : *El Contrato de seguro de vida.* (Assurances sur la vie)

CLASSE 111

Hygiène.

1. **BECERRA Y ALFONSO, Dr. Pedro,** Paso Real de San Diego.

   Eau minérale de la source *El Templado,* à San Diego de los Baños.
   Eau ferrugineuse, sulfureuse.

2. **CADENAS, Manuel P.,** Martí 21, Puerto Príncipe.
   Eaux minérales du Camagüey.

3. **DELFÍN, Dr Manuel,** *médecin,* Industria 120, Habana.

   Collection de la *Revista de Higiene* et brochures sur l'hygiène.

4. **FERNÁNDEZ, Dr. Juan Santos,** *Médecin,* Habana.
   Directeur du Laboratorio Bacteriológico y de vacunación antirábica de la Crónica Médico-Quirúrgica (Laboratoire Bactériologique).

   Sérums. Toxines. Moyens de culture du pays, tels que : Batates blanches, ignames blancs, malangas blanches. Liquides testiculaire et cérébral de Brown-Séquard. Cultures des germes des maladies actuelles de Cuba. 1re moëlle extraite à Cuba en février 17 de 1887 à des lapins enragés.

5. **GUAMACARO, Municipalité de,** Guamacaro.

Eau minérale de la source de San Miguel de los Baños.

6. **HEREDEROS de Bernardo Díaz Granda,** Guanajay.

Eau minérale de la source de la plantation *El Pilar*.

7. **LASCAIBA, Joaquín,** Guanajay.

Eau minérale de la source *Martín Mesa*.

8. **MÁRQUEZ, Dr. Pedro,** Pinar del Río.

Eaux minérales de San Diego de los Baños, des sources *La Paila*, *El Templado* et *La Gallina*.

9. **PAISAT, Manuel,** Maire, Caimito del Guayabal.

Eau alcaline et sédiment de cette eau.
Eau minérale de la source *El Cupey*.

10. **ROS, Dr. Luís,** Independencia 201, Cárdenas.

Son ouvrage : *Guía práctica de la madre de familia*.

11. **SCHWEYER, Dr. Alberto,** *médecin,* Matanzas.

Mémoire sur la santé et l'hygiène publiques de Matanzas.

12. **VESA, Antonio,** Concordia 36, Habana.

Législation sanitaire de Cuba en 1889.

13. **XIQUÉS, Ldo. Miguel A.,** Puerto Príncipe.

Eau minérale de la source *San Rafael de Camujiro*, pour maladies de la peau.

CLASSE 112

Assistance publique.

---

1. **ALFONSO, Dr. Manuel F.**, Director del Hospital de San Lázaro, Habana.

   Memoria del hospital de San Lázaro correspondiente á los años 1890 á 1899 inclusive.

GROUPE XVIII

ARMÉES DE TERRE ET DE MER

CLASSE 119

Cartographie, Hydrographie,
Instruments divers.

PLACE D'ARMES, A CIENFUEGOS

EXPOSITION HISTORIQUE

EXPOSANTS

1. **DIRECCIÓN GENERAL DE CORREOS** (Direction Générale des Postes de Cuba), Habana.

Collection complète des timbres-poste de Cuba, issus depuis l'évacuation espagnole.

2. **FIGAROLA CANEDA, Domingo**, 23 rue Bergère, Paris.

Cachet usé par le grand éducateur cubain Don José de la Luz y Caballero.

Echarpe usée par le général Narciso López.

Modèle photographique du monument de J. Vilalta de Saavedra, élevé au Cimetière de Colón à la Havane aux étudiants cubains fusillés le 27 novembre 1871.

Morceau du premier drapeau cubain, arboré à Cárdenas par le général Narciso López à son débarquement en 1850.

3. **GIBERGA, Commandant Benjamin**, Campanario 131, Habana.

Bons de la République de Cuba.

Collection complète des timbres-poste de la République de Cuba, 1868 et 1895.

Cocarde usée en campagne par le Major Général Bartolomé Masó, Président de la République de Cuba.

Drapeau cubain usé pendant la guerre d'indépendance.

El Cubano libre, Commandant Mariano Corona, éditeur, journal de l'Armée Cubaine, Département Militaire d'Orient, fondé par le Major Général Antonio Maceo ; imprimé en campagne.

Encrier et porteplume usés pendant la guerre, dans la Délégation de la République de Cuba à New York, par le Délégué Plénipotentiaire, M. Tomás Estrada Palma.

Éperons usés en campagne par le Lieutenant Général de l'Armée Cubaine Major Général Calixto García.

Loi d'Organisation Militaire de l'Armée Libératrice Cubaine ; imprimée en campagne.

Lois de la République de Cuba.

Machete de soldat cubain usé pendant toute la campagne à Cuba (1895-1898).

Uniforme de campagne et armement d'officier de l'Armée Cubaine usés pendant la guerre d'indépendance.

Diplômes de l'Armée Cubaine et autres imprimés de l'Imprimerie du Gouvernement Cubain établie dans le Camagüey pendant la guerre.

Documents, manuscrits, autographes et reliques de la guerre.

4. **IRADIER, Fernando, Capitaine**, Martí.

Canon Bébé, construit en campagne pendant la guerre d'indépendance.

5. **LAGE, Juan Francisco,** *avocat,* Obrapía 34, Habana.

Collection du journal révolutionnaire *La Independencia*, publié à la Havane durant la domination espagnole.

6. **MONTEAGUDO, General José de J.**, Estévez 14 Santa Clara.

Panoplies d'armes à feu et de machetes usés pendant la guerre d'indépendance.

7. **QUESADA, Gonzalo de**, Commissaire Spécial de Cuba, Washington, D. C.

Drapeau cubain en soie placé par le Gouvernement des États-Unis sur le cercueil du Lieutenant-Général de l'Armée Cubaine Major Général Calixto García, dans ses funérailles à Washington.

XV

RÉCAPITULATION DES EXPOSANTS

——

GROUPE I

Exposants

ÉDUCATION ET ENSEIGNEMENT

Classe 1.	5	
— 2.	6	
— 3.	10	21

GROUPE II

ŒUVRES D'ART

Classe 7.	21	
— 9.	3	24

GROUPE III

INSTRUMENTS ET PROCÉDÉS GÉNÉRAUX
DES LETTRES, DES SCIENCES ET DES ARTS

Classe 11	3
— 12	7
— 13	49

	Exposants	
Classe 14	4	
— 15	1	
— 16	1	65

GROUPE IV

MATÉRIEL ET PROCÉDÉS GÉNÉRAUX DE LA MÉCANIQUE

Classe 20		1

GROUPE VI

GÉNIE CIVIL — MOYENS DE TRANSPORT

Classe 28	3	
— 29	1	
— 31	2	6

GROUPE VII

AGRICULTURE

Classe 38	1	
— 39	12	
— 40	1	
— 41	15	
— 42	5	34

GROUPE VIII

HORTICULTURE ET ARBORICULTURE

Classe 43	1	
— 46	1	2

GROUPE IX

FORÊTS — CHASSE — PÊCHE — CUEILLETTES

Classe 50	11	
— 52	1	
— 53	12	24

GROUPE X

Exposants

ALIMENTS

Classe 55	5
— 56	6
— 57	I
— 58	I
— 59	37
— 60	2
— 61	18
— 62	7 77

GROUPE XI

MINES — MÉTALLURGIE

Classe 63	37
— 65	I 38

GROUPE XII

DÉCORATION ET MOBILIER
DES ÉDIFICES PUBLICS ET DES HABITATIONS

Classe 66	6
— 69	8
— 72	3 17

GROUPE XIII

FILS, TISSUS, VÊTEMENTS ET ACCESSOIRES

Classe 81	2
— 84	11
— 85	I
— 86	13 27

GROUPE XIV

INDUSTRIE CHIMIQUE

Classe 87	23
— 88	I

Exposants

Classe 89   I
— 90   3
— 91   13   41

GROUPE XV

INDUSTRIES DIVERSES

Classe 92   2
— 95   I
— 98   4
— 99   I
— 100.   I   9

GROUPE XVI

ÉCONOMIE SOCIALE,
HYGIÈNE, ASSISTANCE PUBLIQUE

Classe 103.   I
— 109.   I
— 111.   13
— 112.   I   16

GROUPE XVIII

ARMÉES DE TERRE ET DE MER

Classe 119.   2

EXPOSITION HISTORIQUE

Exposition historique cubaine.   7

RÉSUMÉ

		Exposants
Groupe	I.	21
—	II.	24
—	III.	65
—	IV.	1
—	VI.	6
—	VII.	34
—	VIII.	2
—	IX.	24
—	X.	77
—	XI.	38
—	XII.	17
—	XIII.	27
—	XIV.	41
—	XV.	9
—	XVI.	16
—	XVIII.	2
Exposition historique.		7
	TOTAL GÉNÉRAL	411

Province de Pinar del Río	22
— la Havane.	183
— Matanzas	98
— Santa Clara	43
— Puerto Príncipe	33
— Santiago de Cuba	19
Résidant ailleurs.	13
TOTAL GÉNÉRAL	411

PONT DE LA CONCORDE, A MATANZAS

XVI

LISTE DES RÉCOMPENSES

DÉCERNÉES AUX

EXPOSANTS DE CUBA

CLASSE 1

ENSEIGNEMENT PRIMAIRE

1. *Exposition collective de livres d'enseignement pri-*
   maire composée de :

Francisco J. Balmaseda. . . . . ⎫
Arturo Casado y Valdés . . . . ⎪
Arturo R. Díaz. . . . . ⎬ Médaille de Bronze.
Domitila García de Coronado. . ⎪
Manuel Valdés Rodríguez. . . . ⎭

CLASSE 2

ENSEIGNEMENT SECONDAIRE

2. *Exposition collective composée de :*

Luís A. Baralt. . . . . ⎫
Arturo Casado y Valdés . . . . ⎪
Manuel de la Hera. . . . . . ⎬ Mention Honorable.
Justo F. Parrilla . . . . ⎪
Lorenzo A. Ruíz. . . . . . . ⎪
Manuel Valdés Rodríguez. . . . ⎭

CLASSE 3

ENSEIGNEMENT SUPÉRIEUR

3. Dr. Sebastián Alfredo de Morales .   Mention Honorable.

CLASSE 7

ARTS

4. Leopoldo Romañach. . . . . .   Médaille de Bronze.
5. Armando Menocal . . . .   Mention Honorable.

CLASSE 11

TYPOGRAPHIE. — IMPRESSIONS DIVERSES

6. Guerra, Hnos y Ca . . . . . .   Médaille d'Argent.
7. M. Ruíz y Ca . . . .   —
8. José M. García . . . .   Médaille de Bronze.

CLASSE 12

PHOTOGRAPHIE

9. H. J. Miles . . . .   Médaille d'Argent.
10. J. A. Suárez y Ca. . . . .   —
11. Gregorio Casañas . . . .   Médaille de Bronze.
12. Otero y Colominas. . . . . . .   —
13. Calixto Ruíz de Castro . . . . .   Mention Honorable.
14. Ricardo Téstar. . . . .   —

CLASSE 13

LIBRAIRIE. — ÉDITIONS MUSICALES. — RELIURE. — AFFICHES.
JOURNAUX

15. Anales de la Academia de Cien-
cias. . . . .   Médaille de Bronze.

16. *Exposition collective composée de :*
Manuel Albuerne . . . .⎰ Médaille de Bronze.
Archivos de la Policlínica. . . . ⎱

Exposition collective (Suite).

La Aurora del Yumurí . . . . .
El Azúcar . . . .
Crónica Médico-Quirúrgica . . .
Cuba y América . . . .
Viuda é hijos de Chao . . . . .
Luís Estévez y Romero . . . .
El Fígaro . . . .
Liceo de Matanzas . . . . . . Médaille de Bronze.
José López . . . .
José Marín Varona . . . . . .
Andrés Poey . . . .
Por la mujer . . . .
La República Cubana . . . . .
Revista de Ferrocarriles . . . .
Revista General de Derecho . . .
El Tabaco . . . .

CLASSE 14

CARTES ET APPAREILS DE GÉOGRAPHIE

17. Viuda é hijos de Chao . . . . . Mention Honorable.

CLASSE 15

INSTRUMENTS DE PRÉCISION

18. J. Arnaldo . . . . Médaille de Bronze.

CLASSE 28

MATÉRIAUX, MATÉRIEL ET PROCÉDÉS DU GÉNIE CIVIL

19. Ciment de l'Almendares . . . . Hors Concours.

CLASSE 31

SELLERIE ET BOURRELLERIE

20. F. Palacio y Ca . . . . Médaille d'Argent.

CLASSE 39

PRODUITS AGRICOLES ALIMENTAIRES D'ORIGINE VÉGÉTALE

21. Benjamin Giberga . . . . Médaille d'Argent.
22. P. J. Pérez . . . . —
23. Gonzalo de Quesada . . . . . . —
24. Pedro Márquez . . . . Médaille de Bronze.
25. Joaquín Piedra. . . . . —

CLASSE 41

PRODUITS AGRICOLES NON ALIMENTAIRES

26. *Exposition collective composée de :*

Eugenio Alvarez. . . . .
R. Bazán . . . .
P. Becerra y Alfonso. . . . . .
P. Calaforra . . . .
V. Gazel. . . . .
E. Laborie . . . .
A. Lama . . . .
Ambrosio V. López Valdés. . . } Médaille d'Or.
Victor López . . . .
Carlos C. J. Madden . . . . .
R. Rivero . . . .
Emiliano Sánchez . . . . . .
J. Simón y Ca.. . . . .
Torre y Ca . . . .

27. Compagnie des Iles Cayo Cruz et
Cayo Romano . . . . Médaille d'Argent.

CLASSE 42

INSECTES UTILES ET LEURS PRODUITS

28. *Exposition collective composée de :*

Diego Acosta . . . .
Sixto Agramonte. . . . . . . } Médaille d'Argent.
Dr. G. García Vieta . . . . . .
J. B. Hamel. . . . .

CLASSE 50

PRODUITS DES EXPLOITATIONS ET DES INDUSTRIES
FORESTIÈRES

29. Manuel P. Cadenas. . . . . . . Médaille d'Argent.
30. Angel Pérez Cuesta . . . . . . Médaille de Bronze.
31. J. Seiglie . . . . —
32. Pedro Becerra y Alfonso . . . . Mention Honorable.
33. General Clemente Dantín. . . . —
34. Luís Genín . . . . —
35. Pedro Márquez . . . . —

CLASSE 53

PRODUITS DE LA PÊCHE

36. *Exposition collective composée de :*

Academia de Ciencias . . . . .
Indalecio Aguilera . . . .
Asociación de Comerciantes y
    Esponjeros de Batabanó . . .
A. Ávalos . . . .
C. Bescós . . . .
M. P. Cadenas . . . . Médaille d'Argent.
Juan Jover . . . .
H. Laloux . . . .
J. Ortega . . . .
Julián Quadreny . . . .
Pedro Robau . . . .
J. R. Xiqués . . . .

CLASSE 55

MATÉRIEL ET PROCÉDÉS DES INDUSTRIES ALIMENTAIRES

37. *Exposition collective composée de :*

Bielsa y Ca . . . .
Joaquín Castañer . . . .
Joaquín Piedra . . . . Mention Honorable.
Robato y Beguiristaín . . . . .
La Tropical . . . .

CLASSE 56

PRODUITS FARINEUX ET LEURS DÉRIVÉS

38. *Exposition collective composée de :*

Benjamin Giberga . . . .
E. Laborie . . . .
J. Ledo y Ca. . . . .
Cornelio López . . . . } Médaille d'Argent.
Pedro Paz Rego . . . .
M. Romero Espinosa . . . . . .

CLASSE 57

PRODUIT DE LA BOULANGERIE ET DE LA PATISSERIE

39. Vilaplana, Guerrero y Ca. . . .   Médaille d'Argent.

CLASSE 58

CONSERVES

40. Gabriel Fortún . . . .   Mention Honorable.

CLASSE 59

SUCRE, PRODUITS DE LA CONFISERIE, CONDIMENTS
ET STIMULANTS

41. Marqués de Montelo. . . . . .   Médaille d'Or.
42. Rabel y Ca . . . .   —
43. Viuda de Rabentós, Hno y Ca. .   —
44. Leandro Soler. . . . .   —
45. E. Terry y Hno . . . .   —
46. Vilaplana, Guerrero y Ca . . . .   —
47. Vicente G. Abreu . . . .   Médaille d'Argent.
48. Berenguer, Herederos de. . . .   —
49. Rufino Collado . . . .   —
50. J. Estapé y Ca. . . . .   —
51. J. Grimal . . . .   —
52. Salinas de Punta Hicacos. . . .   —
53. J. Seiglie . . . .   —
54. S. T. Tolón y Ca . . . .   —

55. Marta Abreu de Estévez . . . . Médaille de Bronze.
56. A. Dávalos . . . . —
57. Manuel Díaz Pendás. . . . . . —
58. José Echezarreta. . . . . —
59. Rafael Fernández de Castro. . . —
60. J. García Alonso. . . . . —
61. Tranquilino García. . . . . . . —
62. Pablo Gómez y Ca. . . . . —
63. J. Ledo y Ca . . . . —
64. Faustino López . . . . —
65. Rafael Lubián. . . . . —
66. Llana y Ca . . . . —
67. Adolfo Muñoz del Monte. . . . —
68. Joaquín Piedra . . . . —
69. Gonzalo de Quesada . . . . . . —
70. Sánchez Hermanos. . . . . . . —
71. Sardiña Hnos . . . . —
72. Pedro Paz Rego. . . . . Mention Honorable.
73. Pedemonte y Ca. . . . . —
74. José Sainz. . . . . —
75. Urróz y Oyarzún. . . . . —

CLASSE 61

SIROPS, LIQUEURS. — SPIRITUEUX DIVERS. — ALCOOLS
D'INDUSTRIE

76. Bacardí y Ca . . . . Médaille d'Or.
77. Berenguer, Herederos de. . . . —
78. Echevarría y Ca. . . . . —
79. Robato y Beguiristaín . . . . . —
80. E. Aldabó y Ca . . . . Médaille d'Argent.
81. J. Arechabala . . . . —
82. A. M. Artíz . . . . —
83. A. Fernández Enríquez. . . . . —
84. Llana y Ca . . . . —
85. P. Oyarzábal. . . . . —
86. Pedemonte y Ca. . . . . —
87. M. López é hijos. . . . . Médaille de Bronze.
88. E. Pí y Ca . . . . —

89. Rodríguez y Ca . . . . Médaille de Bronze.
90. Pedro Paz Rego. . . . . Mention Honorable.

CLASSE 62

BOISSONS DIVERSES

91. *Exposition collective composée de :*

    E. Aldabó y Ca . . . .
    Crusellas, Hno y Ca . . . . . .
    Félix Fernández de Castro. . . .
    José García Alonso. . . . . . . Médaille d'Argent.
    E. Laborie. . . . .
    Pedro Paz Rego. . . . .
    Pijuán y Hno . . . .

CLASSE 63

MINES ET MÉTALLURGIE

92. L'Almendares, Ciment, etc. . . . Hors Concours.
93. Spanish American Iron C° . . . Médaille d'Or.
94. Escuelas Pías de Guanabacoa. . Médaille d'Argent.
95. Carlos Villa . . . . —
96. M. P. Cadenas. . . . . Médaille de Bronze.
97. M. Cueto . . . . —
98. Fco. Moreno y Carrera. . . . . —
99. P. Rojas . . . . —

CLASSE 66

INSTALLATION

100. Commissaire de Cuba . . . . . Médaille de Bronze.

CLASSE 69

MEUBLES ARTISTIQUES

101. José Pianca. . . . . Médaille d'Argent.
102. Vila, Rodríguez y Ca. . . . . . Médaille de Bronze.
103. Leóncio Marín . . . . Mention Honorable.

LE YUMURÌ (MATANZAS)

BERTIN & CIE. SC.

CLASSE 81

PRODUITS DE LA CORDERIE

104. Heydrich, Raffloer y Ca . . . Médaille de Bronze.
105. Compagnie des Iles Cayo Cruz et
     Cayo Romano . . . . . . Mention Honorable.

CLASSE 84

DENTELLES, BRODERIES ET PASSEMENTERIES

106. *Exposition collective composée de :*

    Mᵐᵉˢ Quesada, Urbizu, Saavedra,
      Mestre et Mˡˡᵉˢ Longoria et } Médaille d'Argent.
      Maresma . . . .
107. Mᵐᵉ E. Amoedo . . . . . . Médaille d'Argent.
108. Mˡˡᵉ S. Herrera . . . . . .   —
109. Mᵐᵉ Angarica . . . . Médaille de Bronze.
110. Mˡˡᵉ M. Curbelo . . . . . .   —
111. Mˡˡᵉ Barbarrosa . . . . . . Mention Honorable.

CLASSE 86

INDUSTRIES DIVERSES DU VÊTEMENT

112. Ramón López y Ca . . . . . Médaille d'Argent.
113. Viuda é hijo de F. Parajón . .   —
114. J. Crucet. . . . . Médaille de Bronze.
115. José Fernández Longa . . . .   —
116. A. Biaggi y Díaz . . . . . . Mention Honorable.
117. E. Cabanas . . . .   —
118. M. Carranza . . . .   —
119. José Pardo . . . .   —
120. Francisca Pérez Romero . . .   —

CLASSE 87

ARTS CHIMIQUES ET PHARMACIE

121. Sixto Agramonte . . . . . . Médaille de Bronze.
122. A. Castells . . . .   —

123. A. Fernández Llebrez . . . . Médaille de Bronze.
124. M. J. Márquez. . . . . . . —
125. A. Pérez Carrillo . . . . . . —
126. E. Triolet . . . . —
127. J. A. Bueno . . . . Mention Honorable.
128. Crusellas, Hno y Ca. . . . . —
129. Viuda de Rabell . . . . . . —
130. Sabatés y Hno. . . . . . . —

CLASSE 88

FABRICATION DU PAPIER

131. Castro, Fernández y Ca. . . . Médaille d'Argent.

CLASSE 89

CUIRS ET PEAUX

132. *Exposition collective composée de :*

José Fernández Longa. . . . Médaille de Bronze.

CLASSE 91

TABAC

133. Henry Clay & Bock & Cº. . . Hors Concours.
134. L. Carvajal y Ca . . . . . . Grand - Prix.
135. Gustavo Bock, collaborateur. . —
136. Havana Commercial Company . Médaille d'Or.
137. Calixto López y Ca . . . . . —
138. Inocencio Alvarez . . . . . Médaille d'Argent.
139. Rodríguez y Rocha . . . . . Médaille de Bronze.
140. A. Fernández Roses, collabora-
teur . . . . —
141. Telesforo Alfonso de Armas. . Mention Honorable.
142. Carlos Bescós . . . . —
143. Marcos Carvajal, collaborateur . —
144. Christian Ehlers . . . . . . —
145. M. Fernández González . . . —

CLASSE 92

PAPETERIE

146. *Exposition Collective composée de :*

Castro, Fernández y Ca. . . . . . ⎰
Torroella y López . . . . ⎱ Médaille de Bronze.

CLASSE 99

OBJETS DE VOYAGE

147. Balbino Teijeiro . . . . . . Médaille de Bronze.

CLASSE 103

ASSOCIATIONS COOPÉRATIVES

148. Francisco Haza . . . . . . Médaille de Bronze.

CLASSE 109

INSTITUTIONS DE PRÉVOYANCE

149. Andrés Segura y Cabrera . . . Mention Honorable.

CLASSE 119

CARTOGRAPHIE, HYDROGRAPHIE, INSTRUMENTS DIVERS

150. General J. H. Wilson . . . . . Mention Honorable.

XVII

EXPOSANTS DE CUBA

A DES EXPOSITIONS PRÉCÉDENTES

———

Exposition de Londres, 1851.

Appareils orthopédiques	I
Cigares	I
Papier à cigarettes	I
Produits chimiques	I
TOTAL DES EXPOSANTS . . .	4

Exposition de Paris, 1855.

Appareils orthopédiques	I
Baume antispasmodique	I
Bois et peaux	I
Canne à sucre	I
A reporter	4

Report. 4

Chapeaux de crin	1
Coton.	1
Couteaux de chasse	1
Fruits confits	1
Marbres.	1
Objets d'anatomie	1
Produits chimiques.	1
Tableaux brodés.	1
Semences.	2
Tabac et cigares.	12
Sucre.	13

TOTAL DES EXPOSANTS . . . 39

Exposition de Paris, 1867.

Architecture.	1
Boissons fermentées	1
Imprimerie	1
Médecine et chirurgie	1
Ornementation	1
Plantes potagères	1
Peinture	1
Dessin	2
Insectes utiles.	2
Vêtements.	2
Chasse et pêche.	3
Légumes et fruits	3
Exploitations rurales.	4
Travaux publics.	4
Céréales	5
Chimie et pharmacie.	5
Géographie	5
Industrie forestière.	5
Confiserie.	6

A reporter. 53

Report.   53

Sciences   7
Produits agricoles non alimentaires   9
Mines et Métallurgie   11
Sucre.   13
Tabac, cigares et cigarettes.   13
Instruction publique   46

Total des Exposants . . .   152

Exposition de Vienne, 1873

Agriculture   1
Allumettes.   1
Bois   1
Café   1
Instruction publique   1
Livres d'agriculture   1
Confiserie.   2
Sucre.   2
Tabac, cigares et cigarettes.   16

Total des Exposants . . .   26

Exposition de Paris, 1889.

Alcool   1
Café   1
Corsets.   1
Éponges   1
Liqueurs   1
Mobilier   1
Photographie   1
Sucre.   1
Confiserie.   2
Tabac, cigares et cigarettes.   43

Total des Exposants . . .   53

Exposition de Chicago, 1893

Alcool	1
Bois	1
Chocolat	1
Cacao	1
Ethnologie	1
Mouchoirs	1
Sculpture	1
Vin d'ananas	1
Machine à fabriquer des cigares	1
Travaux de coquilles	1
Chapeaux	2
Café	2
Corsets	2
Lacets	2
Ornementation	2
Liqueurs	2
Livres	2
Rhum	2
Sucre	2
Fibres textiles	3
Travaux de cuir	4
Broderies	12
Fleurs et portraits	13
Tabac, cigares et cigarettes	21

TOTAL DES EXPOSANTS . . . 81

TABLE DES GRAVURES

TABLE DES MATIÈRES

www.ingramcontent.com/pod-product-compliance
Lightning Source LLC
Chambersburg PA
CBHW051240050726
47594CB00001B/240